# ARRANGEMENT OF ARCHITECTURE PLANT NORTH 北方篇

# 建筑植物配置

深圳市海阅通文化传播有限公司　主编

中国建筑工业出版社

# PREFACE 前言 🍁

随着社会和经济的发展，广大人民群众物质生活和精神文化生活水平的提高，设计师或者说是想要创造更美好、更舒适居住环境的先驱们，已经不仅仅关注建筑自身的美观，同时也希望借助其他外在的元素对建筑进行装饰，其中植物景观的设计和营造，就是丰富建筑本身，弥补建筑在某些方面的缺憾和不足以及美化环境的良好手段之一。

植物造景，简单来说，其实就是使用各种植物通过一定的设计方法营造出一个美丽的场景。在植物造景这个动态的过程中，植物扮演的角色是"材料"，它们如同盖房子时的砖石，是营造美好环境和场景的基础和根本。植物的种类繁多，散布在地球上的各个角落，每一秒钟都有濒危植物面临灭绝，也有更多的新种类被人类发现，这说明植物的种类是庞大的，并且是时刻保持变化的。不同植物既有联系又有区别，世界上没有两片完全一样的叶子。

认知植物，熟悉它们的生长环境、外形特征、各项属性是植物造景设计的基础。在植物运用中，其生态习性、形态特征和观赏重点等特点对植物景观设计提供了有力的依据和帮助，是景观设计中比较重要的部分。植物按照生态习性来分类，大概可以分为受阳光因子影响的阳性植物（喜光植物）、阴性植物（喜阴植物）、中性植物（喜光也耐阴的植物）；受水分因子影响的耐干旱植物、耐水湿植物、水生植物；受土壤因子影响的耐盐碱植物、耐酸性土壤植物、耐钙质土壤植物等；受空气因子影响的各类抗污染植物（如抗二氧化硫的植物、抗氯气的植物、抗氟化氢的植物和抗烟尘颗粒物的植物等）。植物按照形态特征来分类，可以分为乔木（大乔木、中乔木和小乔木）、灌木（大灌木、小灌木）、花卉（一二年生草本花卉、宿根花卉、多年生球根花卉）、草坪和地被植物。植物按照景观效果分类，可以分为常绿植物、半常绿植物和落叶植物。

植物作为景观设计的重要材料之一，因具有丰富的形态、可调节的高度、绚丽的色彩以及可以随着时间变化而产生不一样生长形态等多方面的原因，对整个景观设计有非常重要的作用。植物造景的作用主要有以下几个方面。

1. 丰富场景，增加不同的肌理层次。

2. 净化空气，吸收二氧化碳释放氧气，增加空气中的负氧离子，是天然的空气净化器。

3. 能够减弱噪声污染，降低粉尘污染。

4. 美化环境，提升景观美感。

建筑设计与植物造景是相辅相成的。孤立的建筑，没有背景和环境的衬托无法全面地展现它的美丽，正如有些历史悠久的传统村落需要有绵延的群山作为背景，门前有河流潺潺流过。在空气、植物、土壤和水体多方面因素的影响下，建筑才会显得更加完整，其中植物景观对建筑的影响尤为重要和明显。植物造景可以突出建筑物的特点、增加画面的整体色彩、适时遮挡不太美观的局部（如空调的外机、裸露的混凝土表面或者外观单调的建筑表皮等）。

本系列丛书收纳了中国北方、中部、南方三个地区的包括住宅、商业、市政和庭院在内的四种不同空间性质的景观项目，通过实际项目案例，分析了各种建筑风格环境下的我国景观植物设计的风格类型和特点。本系列丛书分为北方篇、中部篇和南方篇三本，按照中国地域进行划分，因为每个地区的经纬度不同，气温和水分亦有差异，本书进行了简单的分类并介绍了各地区常用的乔木、灌木、地被等园林景观植物。全书以公共空间（市政公园、商业广场等）植物景观设计、半公共空间（住宅小区）植物景观设计、私密空间（庭院）植物景观设计为板块，分析介绍当下比较成熟的景观设计案例在不同建筑风格和建筑特点环境中的各个植物设计节点的乔灌草配置特点。

# CONTENTS 目录

# 北方常用园林植物参考用表

建筑植物配置北方篇，这里所介绍的北方地区专指秦岭淮河以北的部分省区城市。

优秀的植物景观设计，需要实用性和艺术性的完美结合，不仅要看它完成时的即时效果，更要考虑其日后的景观植物生长动态。植物景观设计的价值在于植物日复一日之后生长的最终效果。所以在进行植物设计与配置的时候，要遵循植物的生物学特性以及与该地环境相协调的原则。在我国北方地区，冬季气温比较低，园林绿化树种主要为落叶乔木，在秋冬季节景象比较萧条。针对此类现象，需要将北方常用的常绿树种和落叶树种进行搭配种植，并使用彩叶树种或秋冬季节变色的树种，使景观色彩丰富并稍显柔和。

我国北方地区的园林绿化与南方和中部地区相比较，可选择的树种比较少，但是只要根据项目所在地的气候、环境和土壤进行实地分析，选择因地制宜的栽植方式，同样也能打造出一个"四季如春"，常年有景可赏的园林景观。

## 【常绿乔木】

| 雪松 | | 科名 | 松科 |
| --- | --- | --- | --- |
| | | 属名 | 雪松属 |
| | | 植物习性 | 喜阳光充足的环境，喜温和凉爽的气候，稍耐阴。 |
| | | 配置手法 | 雪松是世界著名的庭院观赏树种之一，树形高大挺拔优美，四季常青，适宜孤植于草坪中央，也可对植、列植于广场和主体建筑物旁。 |
| 华北云杉 | | 科名 | 松科 |
| | | 属名 | 云杉属 |
| | | 植物习性 | 喜温凉气候，喜湿润肥沃土壤，耐阴，适应性较强。 |
| | | 配置手法 | 华北云杉是常绿针叶树种，对环境的适应性较强，树形美观，树冠茂密，是园林绿化的优良树种之一。 |
| 罗汉松 | | 科名 | 罗汉松科 |
| | | 属名 | 罗汉松属 |
| | | 植物习性 | 喜温暖湿润气候，耐寒性弱，耐阴，对土壤适应性强。 |
| | | 配置手法 | 树形优美，在北方偏南部地区是孤赏树、庭院树的好选择，可在门前对植，或者孤植于中庭；也可与假山、湖石搭配种植，北方主要作为优良的盆栽材料。 |
| 白皮松 | | 科名 | 松科 |
| | | 属名 | 松属 |
| | | 植物习性 | 喜光树种，喜温凉气候，喜肥沃深厚的土层，耐瘠薄和干冷，是中国特有树种。 |
| | | 配置手法 | 白皮松是常绿针叶树种，老树树皮呈灰白色，其树干色彩和形态比较有特色，树形优美，是美化园林的优良树种之一。白皮松在园林绿化中的应用比较广泛，可以孤植于庭院或草坪中央，也可以对植于门前，丛植片植成林，或者列植于城市道路两旁作为行道树种也是不错的选择。 |

| | | 科名 | 柏科 |
|---|---|---|---|
| **龙柏** | | 属名 | 圆柏属 |
| | | 植物习性 | 喜阳，喜温暖湿润的环境，稍耐阴，耐干旱，忌积水。 |
| | | 配置手法 | 可孤植、列植或群植于庭院，由于其耐修剪，可经整形修剪成圆球形、半球形等各式形状后栽植。 |
| **油松** | | 科名 | 松科 |
| | | 属名 | 松属 |
| | | 植物习性 | 阳性树种，喜光，喜排水良好的深厚土层，耐寒，抗风，抗瘠薄，是中国特有树种。 |
| | | 配置手法 | 油松为常绿针叶树种，树形挺拔高大，适宜栽植在道路两旁作为行道树种。 |
| **五针松** | | 科名 | 松科 |
| | | 属名 | 松属 |
| | | 植物习性 | 喜光，喜温暖湿润的环境，不耐积水。 |
| | | 配置手法 | 五针松植株较低矮，树形优美、古朴，姿态有韵味，是制作盆栽景观的良好材料。 |
| **侧柏** | | 科名 | 柏科 |
| | | 属名 | 侧柏属 |
| | | 植物习性 | 喜光，对环境的适应能力强，对土壤的要求不高，较耐阴，耐干旱瘠薄，耐高温，稍耐寒。 |
| | | 配置手法 | 侧柏为常绿树种，也是北京市的市树，寿命长，常有百年侧柏古树，观赏及文化价值较高。侧柏在中式造园中有着重要的作用和地位。可栽植于凉亭旁、假山后、大门两侧、花坛和墙边。配植于草坪、林下和山石间，增加景观绿化的层次，颇具美感。 |
| **圆柏** | | 科名 | 柏科 |
| | | 属名 | 圆柏属 |
| | | 植物习性 | 喜光，喜温凉气候，喜湿润深厚的土层，耐寒，耐热，稍耐阴。 |
| | | 配置手法 | 圆柏树形优美，姿态奇特，是中国园林造景中常用的常绿树种之一。因为其耐修剪，所以常修剪整齐作为绿篱使用。配植在古庙、古寺中更有意境。也可群植于草坪边缘或建筑物附近。 |
| **女贞** | | 科名 | 木樨科 |
| | | 属名 | 女贞属 |
| | | 植物习性 | 喜光，喜温暖湿润气候，耐寒，耐阴，耐水湿。 |
| | | 配置手法 | 女贞四季常青，枝繁叶茂，可孤植、丛植于庭院，也可作行道树栽植于道路两旁。 |

# 【落叶乔木】

| | | | |
|---|---|---|---|
| 国槐 | | 科名 | 豆科 |
| | | 属名 | 槐属 |
| | | 植物习性 | 喜光，稍耐阴，耐干旱，耐瘠薄，对土壤要求不高。 |
| | | 配置手法 | 国槐枝叶茂盛，树形威武挺拔，在北方地区常用作行道树种和景观项目的框架树种，也可栽植于公园草坪和空旷地带，孤植、列植和丛植效果均不错。 |
| 白蜡 | | 科名 | 木樨科 |
| | | 属名 | 白蜡属 |
| | | 植物习性 | 喜光，喜深厚肥沃的土层，耐水湿。 |
| | | 配置手法 | 白蜡树树干笔直，树形优美，枝叶繁密，生长期时叶片浓绿；进入秋季，叶色转黄，是比较优良的庭院树种、行道树种，可与常绿树种一同配植于庭院和公园，也可列植于道路两旁作行道树。 |
| 七叶树 | | 科名 | 七叶树科 |
| | | 属名 | 七叶树属 |
| | | 植物习性 | 喜光，喜深厚肥沃土层，稍耐阴，不耐严寒，不耐干热气候。 |
| | | 配置手法 | 七叶树树干通直笔挺，叶片宽大，冠大荫浓，初夏时节，满树繁花，是著名的观赏树种，与常绿乔木配植效果不错。可列植、群植于道路两旁、公园以及广场内。七叶树在中国有着不一样的文化含义，因为其与佛教有着较深的渊源，一般名寺古刹内会栽植年代久远的七叶树。与佛教文化或古寺等有关的维护和景观塑造的项目，可以选用七叶树、菩提树等植物作为绿化造景树种。 |
| 合欢 | | 科名 | 豆科 |
| | | 属名 | 合欢属 |
| | | 植物习性 | 喜光，喜温暖且阳光充足的气候，耐寒、耐旱，耐瘠薄。 |
| | | 配置手法 | 合欢树树形较高大，叶片羽状，秀丽翠绿，粉色头状花序酷似绒球，美丽可爱，是优良的园林观赏植物，也可栽植人行道两旁或车行道分隔带内；夏季绒花盛开，景观效果极佳。 |
| 新疆杨 | | 科名 | 杨柳科 |
| | | 属名 | 杨属 |
| | | 植物习性 | 喜光，耐寒，耐干旱，耐瘠薄，耐修剪，不耐阴，有较强的抗风性。 |
| | | 配置手法 | 新疆杨树形优美，叶片美丽，可孤植、丛植于公园和草坪。在新疆、甘肃、宁夏等地多有栽植。 |
| 栾树 | | 科名 | 无患子科 |
| | | 属名 | 栾树属 |
| | | 植物习性 | 喜光，耐干旱和瘠薄，稍耐半阴，耐寒，不耐水淹。 |
| | | 配置手法 | 栾树夏季满树黄花，秋叶色黄，果实形如灯笼，紫红色，是较好的观赏树。也可用作行道树栽植于道路两旁。 |

| | | 科名 | 苦木科 |
|---|---|---|---|
| 千头椿 | | 属名 | 臭椿属 |
| | | 植物习性 | 喜光，耐寒，耐干旱和瘠薄，春季生长速度快，夏秋季节生长速度慢。 |
| | | 配置手法 | 千头椿是臭椿的变种，伞状树形，树干通直高大，树冠伞状紧凑，叶片宽大荫浓，是良好的行道树种和庭园绿化树种。 |
| 毛白杨 | | 科名 | 杨柳科 |
| | | 属名 | 杨属 |
| | | 植物习性 | 耐干旱、抗风性强，在水肥条件良好的条件下生长速度快，是我国速生树种之一。 |
| | | 配置手法 | 毛白杨树干通直挺拔，叶片较大，枝繁叶茂。由于其生长速度快，适应性较强，栽植后能较快体现其景观和绿化的效果，可作为防护林树种使用。 |
| 胡杨 | | 科名 | 杨柳科 |
| | | 属名 | 杨属 |
| | | 植物习性 | 喜光，喜沙质土壤，耐寒，耐盐碱、耐干旱。 |
| | | 配置手法 | 胡杨因耐寒、耐干旱、耐盐碱和抗风沙的特性让其有了"沙漠守护神"的称号，胡杨是土壤贫瘠地区的优良绿化树种，它能调节和改善荒漠地带的气候和土壤。同时，胡杨也具有一定的园林观赏价值，其树形优美，是优良的行道树和庭院绿化树种。 |
| 旱柳 | | 科名 | 杨柳科 |
| | | 属名 | 柳属 |
| | | 植物习性 | 喜光，耐严寒，耐干旱，具有较强的抗风能力，生长速度较快。 |
| | | 配置手法 | 旱柳垂枝柔软，树冠呈馒头状，是我国北方地区较常使用的行道树种和庭园绿化树种。 |
| 馒头柳 | | 科名 | 杨柳科 |
| | | 属名 | 柳属 |
| | | 植物习性 | 喜光，耐严寒，耐干旱，具有较强的抗风能力，生长速度较快。 |
| | | 配置手法 | 馒头柳是旱柳的变种，垂枝柔软，树冠呈饱满馒头状，是我国北方地区较常使用的行道树种和庭园绿化树种。 |
| 龙爪柳 | | 科名 | 杨柳科 |
| | | 属名 | 柳属 |
| | | 植物习性 | 喜光，耐严寒、耐干旱，具有较强的抗风能力，生长速度较快。 |
| | | 配置手法 | 龙爪柳是旱柳的变种，垂枝蜷曲，是我国北方地区较常使用的行道树种和庭园绿化树种。 |
| 核桃 | | 科名 | 核桃科 |
| | | 属名 | 核桃属 |
| | | 植物习性 | 喜光，喜石灰性土壤，耐寒，耐干旱，适应性强。 |
| | | 配置手法 | 核桃树冠广阔，其经济价值与药用价值高于园林绿化价值，但也可栽植于专类园区作观赏植物。 |

# 【花灌木】

| | | | |
|---|---|---|---|
| 紫丁香 | | 科名 | 木樨科 |
| | | 属名 | 丁香属 |
| | | 植物习性 | 喜光，喜温暖湿润的气候，喜肥沃且排水性好的土壤，有一定的耐寒和耐干旱瘠薄能力，稍耐阴。 |
| | | 配置手法 | 紫丁香春季开花，花色紫色或蓝色，花大且芳香，是比较有名的庭院花灌木。株形丰满，枝叶茂密，适宜栽植于庭院一角或建筑物窗前。 |
| 西府海棠 | | 科名 | 蔷薇科 |
| | | 属名 | 苹果属 |
| | | 植物习性 | 喜光，耐寒，较耐干旱，在我国北方比较干燥的地区生长良好。 |
| | | 配置手法 | 西府海棠树干直立，树形秀丽优雅，花红、叶绿，果实小巧可人，常用于我国北方地区的庭院绿化中，可孤植、列植或丛植于水滨湖畔和庭院一角。因与玉兰、牡丹、桂花同植一处，取其音与意，有"玉堂富贵"之意，受到造景者的青睐。 |
| 紫薇 | | 科名 | 千屈菜科 |
| | | 属名 | 紫薇属 |
| | | 植物习性 | 喜光，喜温暖湿润的气候，耐干旱，抗寒。 |
| | | 配置手法 | 可栽植于花坛、建筑物前、院落内、池畔等地。同时也是做盆景的好材料，可孤植、片植、丛植和群植。 |
| 蜡梅 | | 科名 | 蜡梅科 |
| | | 属名 | 蜡梅属 |
| | | 植物习性 | 喜光，耐阴，耐寒，耐干旱，耐修剪，不耐渍水。 |
| | | 配置手法 | 蜡梅盛开于寒冬，花先于叶开放，花香馥郁，花色鹅黄，是冬季为数不多的观花植物。蜡梅不仅花朵秀丽，更有斗寒傲霜的美好寓意和品格，是文人雅士偏爱的园林植物。可成片栽植于庭院中，赏其形，闻其味；也可作为主体建筑物的配景单独配植。 |
| 黄栌 | | 科名 | 漆树科 |
| | | 属名 | 黄栌属 |
| | | 植物习性 | 喜光，喜深厚肥沃的土层，耐寒，耐干旱瘠薄和碱性土壤，不耐水湿。 |
| | | 配置手法 | 黄栌又名红叶，著名的北京香山红叶即是黄栌，是我国有名的观叶植物。黄栌叶色秋季转红，红艳如火，如成片栽植，能够营造骄阳似火的景观效果，也可与其他常绿乔木搭配栽植，混植于常绿树群之中，红与绿的鲜明对比，别有一番意境。 |
| 迎春 | | 科名 | 木樨科 |
| | | 属名 | 素馨属 |
| | | 植物习性 | 喜光，喜温暖湿润的气候，喜疏松肥沃且排水良好的土层，稍耐阴。 |
| | | 配置手法 | 迎春花如其名，每当春季来临，迎春花即从寒冬中苏醒，花先于叶开放，花色金黄，枝条下垂柔软；适宜栽植于城市道路两旁，也可配植于湖边、溪畔、草坪和林缘等地。 |

| | | | |
|---|---|---|---|
| 二乔玉兰 | | 科名 | 木兰科 |
| | | 属名 | 木兰属 |
| | | 植物习性 | 喜光，喜温暖湿润气候。 |
| | | 配置手法 | 花先叶开放，较常用于公园、绿地和小区。可孤植、丛植和片植。 |
| 紫玉兰 | | 科名 | 木兰科 |
| | | 属名 | 木兰属 |
| | | 植物习性 | 喜光，喜温暖湿润气候。 |
| | | 配置手法 | 花先叶开放，花色淡雅，花香清幽，树形秀丽，枝繁叶茂。较常用于公园、绿地和小区。可孤植、丛植和片植。不易移植和养护。 |
| 红叶碧桃 | | 科名 | 蔷薇科 |
| | | 属名 | 李属 |
| | | 植物习性 | 喜光，喜温暖气候，喜肥沃深厚且排水良好的土壤，不耐水湿。 |
| | | 配置手法 | 红叶碧桃叶色为紫红色，是碧桃的变种，花先于叶开放，花叶均美丽清秀，常与西府海棠、红叶李等配植于庭院，是优良的园林绿化树种。 |
| 珍珠梅 | | 科名 | 蔷薇科 |
| | | 属名 | 珍珠梅属 |
| | | 植物习性 | 喜光，耐阴，耐寒，耐干旱，耐水湿，耐修剪，对土壤的要求不严。 |
| | | 配置手法 | 珍珠梅花色秀丽洁白，株形丰满，叶片清秀，夏季为盛花期且花期长。可孤植、片植和丛植于庭院，也可栽植于林下，丰富植物群落层次。 |
| 紫荆 | | 科名 | 豆科 |
| | | 属名 | 紫荆属 |
| | | 植物习性 | 喜光，喜肥沃且排水良好的土壤，耐寒，耐修剪，不耐水湿。 |
| | | 配置手法 | 紫荆枝条扶疏，花先于叶开放，盛花期时，满树姹紫嫣红，花朵小却繁密，贴梗而生，美丽非凡。紫荆可孤植于建筑物两旁，也可栽植于花坛中。 |
| 榆叶梅 | | 科名 | 蔷薇科 |
| | | 属名 | 李属 |
| | | 植物习性 | 喜光，耐寒，耐干旱，稍耐阴，不耐水湿，对土壤要求不高。 |
| | | 配置手法 | 榆叶梅因其叶似榆树叶，花似梅花，故得其名。榆叶梅花色亮丽且花开繁密，花先于叶开放，枝叶茂盛，是我国北方地区重要的园林绿化树种。适宜栽植于公园、草坪。 |
| 棣棠 | | 科名 | 蔷薇科 |
| | | 属名 | 棣棠属 |
| | | 植物习性 | 喜温暖湿润的气候，喜通风半阴的环境，不耐寒。 |
| | | 配置手法 | 棣棠枝叶秀丽，花色金黄，盛花期时，花开满枝。可栽植于庭院墙角或建筑物旁，也可配植于疏林草地，颇为雅致美丽。 |

# 【草坪及地被植物】

| 玉簪 | | 科名 | 百合科 |
| | | 属名 | 玉簪属 |
| | | 植物习性 | 喜阴湿的环境，喜肥沃深厚的土层，耐寒，不耐强阳光直射。 |
| | | 配置手法 | 玉簪是阴性植物，耐阴，喜阴湿的环境，适宜栽植于林下草地，丰富植物群落层次。玉簪叶片秀丽，花色洁白，且具有芳香，花于夜晚开放，是优良的庭院地被植物。 |
| 松果菊 | | 科名 | 菊科 |
| | | 属名 | 松果菊属 |
| | | 植物习性 | 喜温暖的气候，喜肥沃深厚的土壤，稍耐寒。 |
| | | 配置手法 | 松果菊花大色艳，花多颜色丰富，松果菊是切花材料的很好选择，在园林应用中也较广泛，可栽植于花坛、花境中。 |
| 金娃娃萱草 | | 科名 | 百合科 |
| | | 属名 | 萱草属 |
| | | 植物习性 | 喜光，喜温暖湿润的气候，喜沉厚肥沃且排水良好的土壤，耐干旱，耐寒。 |
| | | 配置手法 | 金娃娃萱草叶色亮绿，花朵大且色彩金黄，可以用作地被植物，用来布置花坛、花境。 |
| 鸢尾 | | 科名 | 鸢尾科 |
| | | 属名 | 鸢尾属 |
| | | 植物习性 | 喜光，喜湿，喜湿润且排水良好的土壤，可生长于沼泽、浅水中，耐寒，耐半阴。 |
| | | 配置手法 | 鸢尾叶片清秀翠绿，花色艳丽且花形似翩翩蝴蝶，是庭院绿化的优良花卉，可栽植于花坛、花境中，也可栽植于湖边溪畔。 |
| 福禄考 | | 科名 | 花荵科 |
| | | 属名 | 天蓝绣球属 |
| | | 植物习性 | 喜温暖，不耐寒。 |
| | | 配置手法 | 福禄考为一年生草本花卉植物，其花期较长，可达 4 ~ 6 个月之久，花色丰富，管理较粗放，是花坛、花境的良好选择。 |
| 石竹 | | 科名 | 石竹科 |
| | | 属名 | 石竹属 |
| | | 植物习性 | 喜光，喜肥沃深厚的土壤，耐寒，耐干旱，不耐炎热，不耐水湿。 |
| | | 配置手法 | 石竹茎直立，花色艳丽且色彩丰富，花瓣边缘似铅笔屑。是花坛、花境的常用材料，也可用来点缀草坪及坡地，栽植于行道树的树池中也别有一番美景。 |

# 【藤本植物】

| 山葡萄 | | 科名 | 葡萄科 |
| --- | --- | --- | --- |
| | | 属名 | 葡萄属 |
| | | 植物习性 | 多年生蔓生草本植物，落叶，多生长于沟谷、山林等地，人工培育的品种较少。 |
| | | 配置手法 | 山葡萄秋季叶色变红，果实成熟时节，串串紫葡萄挂于红叶之间，颇为美丽。 |
| 大花铁线莲 | | 科名 | 毛茛科 |
| | | 属名 | 铁线莲属 |
| | | 植物习性 | 多年生草质藤本植物，喜光，喜肥沃且排水良好的土壤，耐寒，耐干旱，对环境的适应性较强。 |
| | | 配置手法 | 大花铁线莲单花顶生，花朵较大，花色艳丽，可栽植于景观廊架和凉亭等地，是优良的庭院垂直绿化花卉。 |
| 扶芳藤 | | 科名 | 卫矛科 |
| | | 属名 | 卫矛属 |
| | | 植物习性 | 藤本灌木，常绿，喜湿润的环境，耐阴，较耐寒。 |
| | | 配置手法 | 扶芳藤是园林绿化中常见的植物，适宜栽植于墙角、山石等地做点缀用，也可栽植于疏林下，是覆盖地面的良好观叶植物。其攀附能力不强，不适合作立体绿化材料。 |
| 东北雷公藤 | | 科名 | 卫矛科 |
| | | 属名 | 雷公藤属 |
| | | 植物习性 | 藤状灌木。 |
| | | 配置手法 | 东北雷公藤的药用价值颇高，园林应用中较少使用，目前暂无人工培育的品种。 |
| 藤本月季 | | 科名 | 蔷薇科 |
| | | 属名 | 蔷薇属 |
| | | 植物习性 | 藤本灌木，落叶，喜光，喜温暖背风且空气流通顺畅的环境，喜肥沃且排水良好的土壤。 |
| | | 配置手法 | 花形丰满，花色艳丽且丰富，花期较长，是立体绿化中较常用的植物之一。 |
| 马兜铃 | | 科名 | 马兜铃科 |
| | | 属名 | 马兜铃属 |
| | | 植物习性 | 缠绕类藤本植物，草质，喜温暖湿润的气候，喜光，稍耐阴。 |
| | | 配置手法 | 马兜铃叶形优美，花形奇特，是良好的观叶、观花垂直绿化植物，由于其攀缘性较强，可攀缘栅栏和围墙等。 |

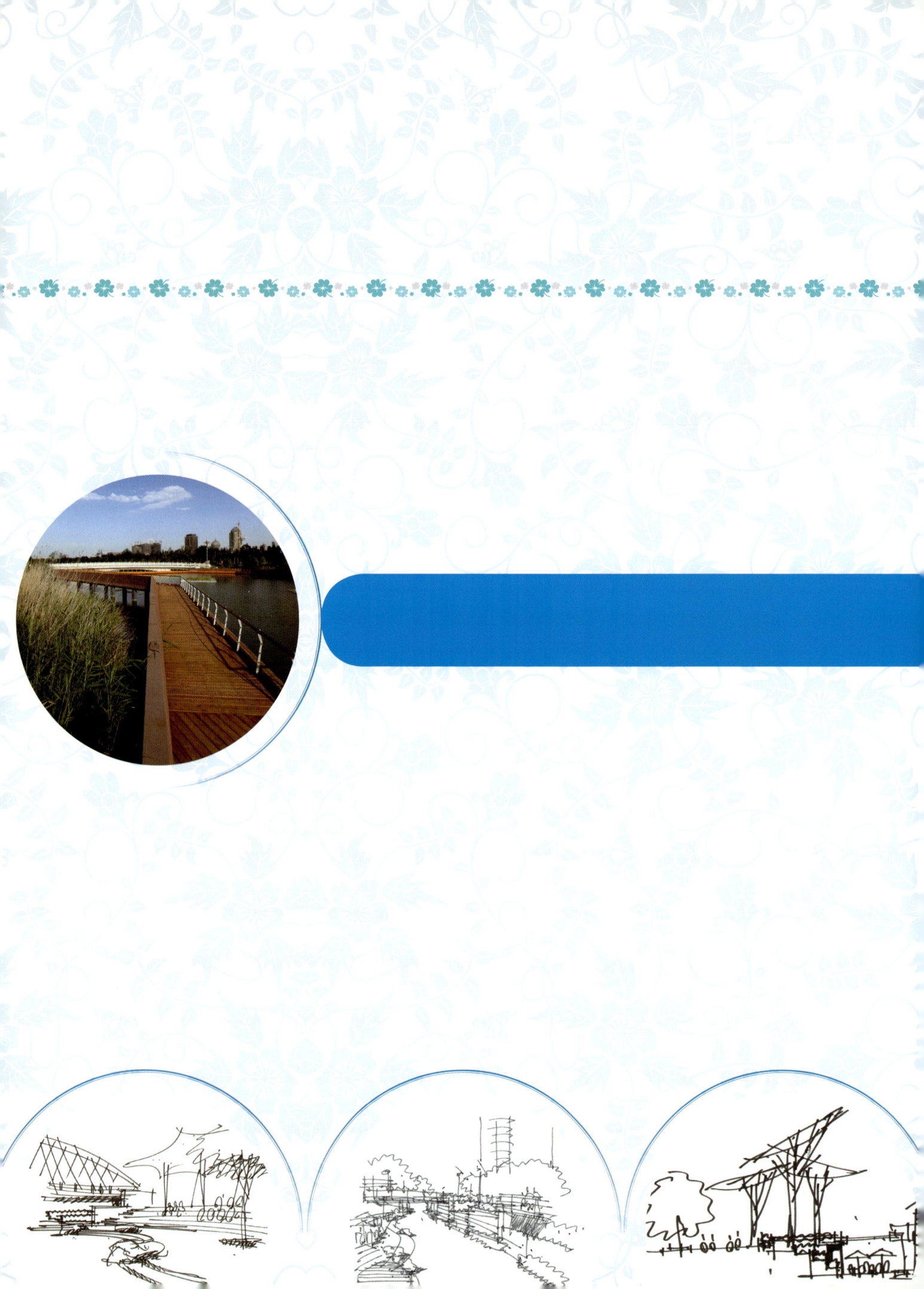

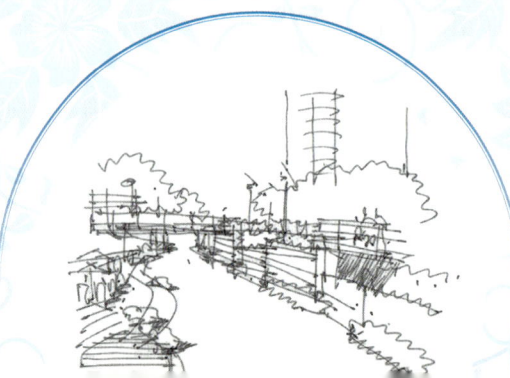

# 建筑植物配置——公共景观

## 北方篇

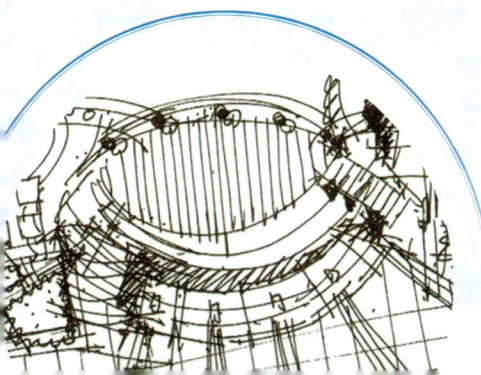

# 艾依河

设计公司: 深圳毕路德建筑顾问有限公司
项目地点: 宁夏回族自治区银川市
项目面积: 212000 m²

## （1）建筑

建筑风格: 现代简约

建筑特点: 项目方案立意于银川的发展和传统文化的结合，采用较为抽象的手法来表达主题设计理念。由金凤栖水、塞上奇观抽象出来的折线造型阐述公园现代游憩体验的主体空间结构。本方案为城市公园性质的空间，周边建筑群体为景观设计之前已存在的建筑。为了能够突出艾依河的特点和风韵，设计师通过创造舒适的设计体验及优越的城市形象，营造一条视觉享受和生态休闲的记忆性景观地标，把艾依河滨水景观公园打造成中国西北地区最具影响力的城市轴线，形成银川面向世界的形象窗口与大气连贯、视觉冲击力强的城市景观新形象。

## （2）景观

景观风格: 自然生态

景观特点: 从融合地域特色、凸显生态低碳、以人为本三大主题核心入手，展示塞上湖城、西北水乡、山水相连的城市风情，塑造西北江南景致的"神话"，打造水城一体的中国西北地区最具影响力的城市轴线，展示多彩银川的魅力与品位。

设计思路以围绕在城市的核心地段打造展示城市魅力的空间舞台为目标，立足场地空间的落差，结合银川生态立市、塞上湖城的城市定位，打破绿化隔离的客观存在，缩小城市与滨水之间的距离。

景观植物: 乔木层——旱柳、油松、国槐、绒毛白蜡、毛白杨、金叶复叶槭等

灌木层——杜松、芦苇、香蒲、连翘等

地被层——千屈菜等

水生植物——睡莲、千屈菜、香蒲等

银川艾依河滨水景观公园基地位于银川市金凤区东北部，紧邻城市新区，位于交通黄金焦点上。

植物设计:
河边绿地根据水位高低的不同，植物呈带状分布，从河边到陆地依次为: 湿生沼生植物群落、中生植物群落、中旱生植物群落、旱生植物群落。各个条带采用当地的乡土适生植物。不仅保持水土、涵养水源，更美化了环境，为当地居民提供休闲漫步的良好去处。

立面图1

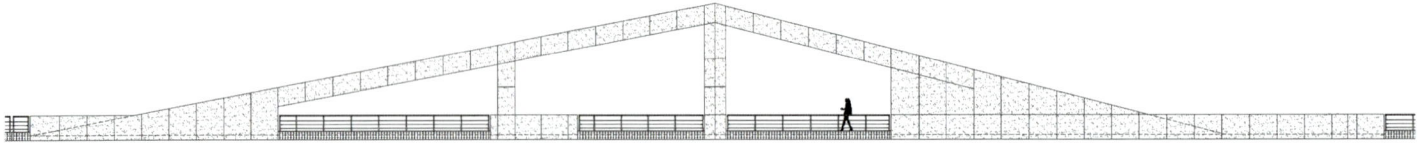

立面图2

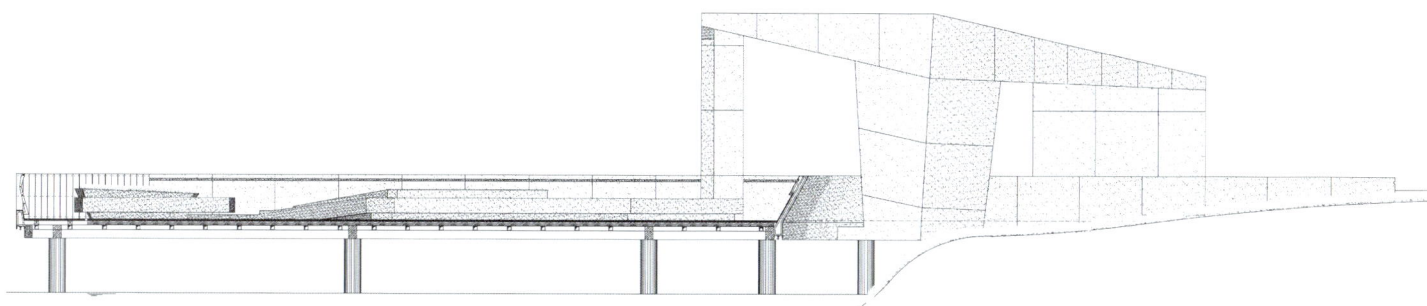

立面图 3

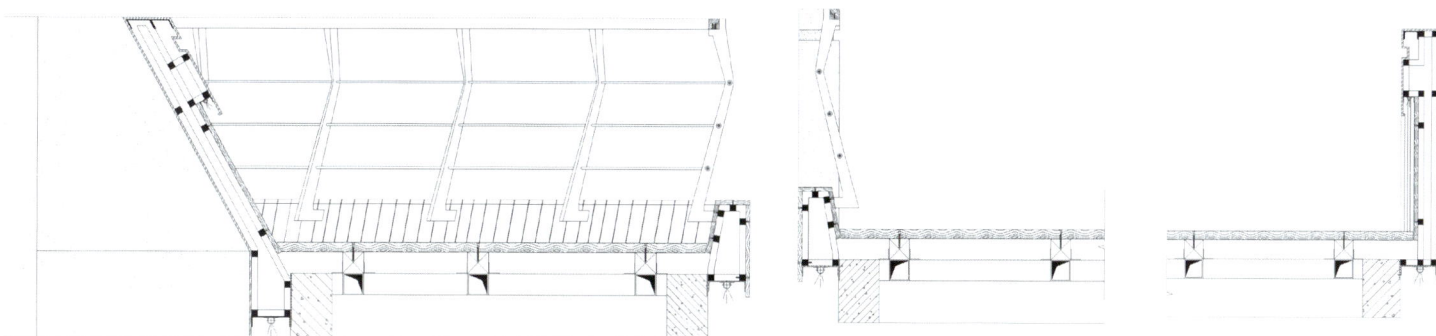

细节结构图

① 植物名称：旱柳
落叶乔木，树冠饱满，枝条柔软，是北方常用的庭荫树、行道树，也常用于河畔绿化。由于雌株种子易造成柳絮飞扬，建议用于行道树或工厂绿化时使用雄株。

② 植物名称：香蒲
多年生草本，其穗奇特，常用于水畔或点缀于石旁，也是切花常用材料。

③ 植物名称：油松
常绿乔木，树皮下部灰褐色，裂成不规则鳞块，裂缝及上部树皮红褐色；大枝平展或斜向上，老树平顶。

④ 植物名称：千屈菜
多年生草本，植株直立优雅，花多繁茂，紫红色，最适合在浅水中丛植。

**植物名称：国槐**

落叶乔木 羽状复叶 深根 耐烟尘 能适应城市街道环境，是中国北方城市广泛应用的行道树和庭荫树，应用前景广泛。

建筑元素：❶ 景观折桥

**植物配置**：旱柳 + 油松 + 国槐 + 绒毛白蜡 - 芦苇 + 香蒲 + 千屈菜 - 睡莲

**点评**：结合当地的乡土树种和滨水植物，丰富立体化了艾依河两岸原本枯燥、单调的景观。

**植物名称：绒毛白蜡**

落叶乔木，深根树种，生长较迅速，少病虫害，抗风，抗烟尘，可作为沙荒、盐碱地造林，或营造防护林，是北方四旁绿化的主要树种之一，也是沿海城市绿化的优良树种。

**植物名称：睡莲**

多年生水生草本植物，浮水花卉，花期为 6~9 月，睡莲花形飘逸，花色丰富，与千屈菜、再力花等水生植物一起搭配栽植于湖中、水池里，能够丰富水景。

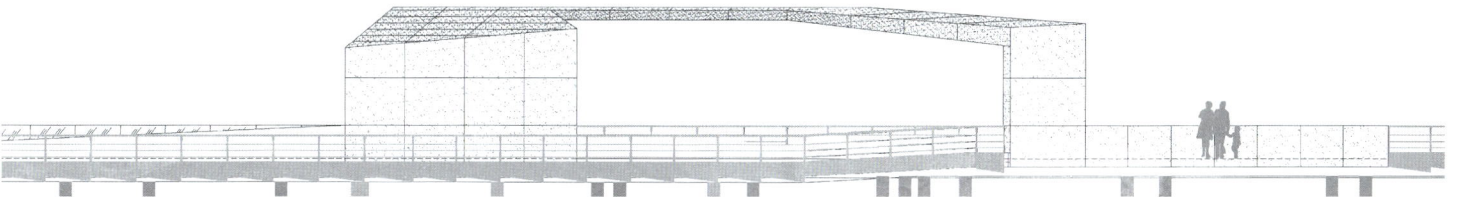

立面图4

植物名称：芦苇
多年生草本，常生于沟渠或湿地的浅水中，栽植于水边的芦苇株形飘逸，很适合自然式野趣公园景观。

植物名称：杜松
常绿小乔木或灌木，深根性树种，不适宜栽植离建筑物过近。其枝叶繁茂，树形优美，是行道树、庭园树的良好选择。

植物名称：毛白杨
树干通直挺拔，叶片较大，枝繁叶茂。毛白杨由于其生长速度快，适应性较强，栽植后能较快体现其景观和绿化的效果，可作为防护林树种使用。

植物名称：连翘
早春开花，花先于叶开放，花色金黄，枝条下垂，是早春时节优良的观花植物。可用在花篱、花丛、花坛。

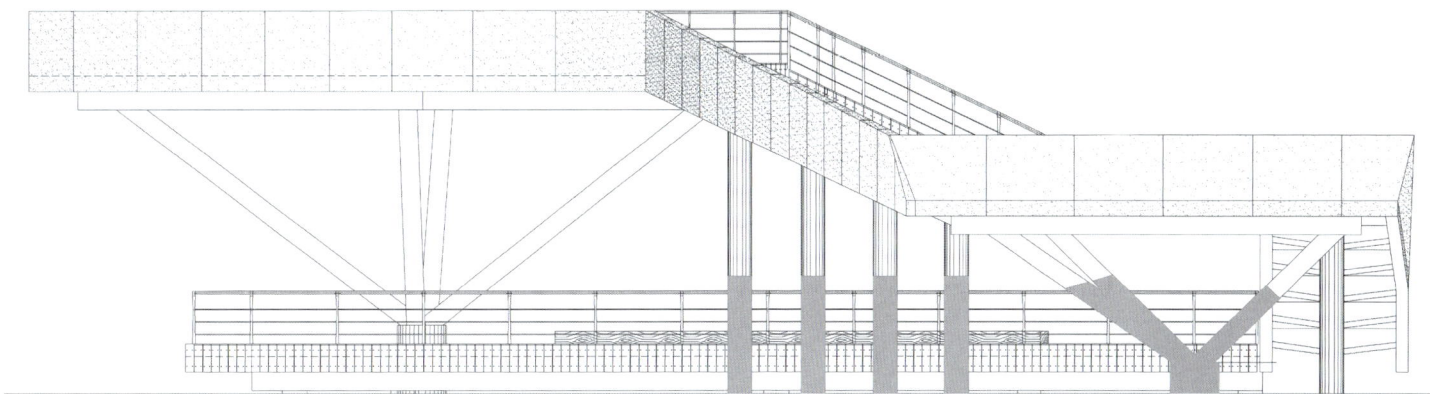

立面图5

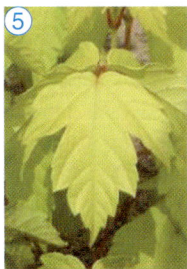

**⑤ 植物名称：金叶复叶槭**
春季叶片金黄，夏季叶色转为黄绿色，是优良的色叶树种，适宜栽植于常绿树种之间点缀主景，丰富色彩层次。

**建筑元素：❶ 景观折桥**

**植物配置：**毛白杨 + 金叶复叶槭 - 杜松 + 连翘 - 芦苇

**点评：**设计师创造性地运用抽象手法，从当地文化中引申出"折线"与"水波"要素作为场地造型的基调，创造生态退台空间，编制新的城市体验载体，形成一个水城交融的城市舞台，尽情展现城市魅力。打造了一个有序列层次的空间体验界面，使生态滨水形象得以形成。

# 西单文化广场

设计公司：ATA 设计公司
设计团队：Austin Tao、张伟、盛梅、Timothy Callahan、徐文玉、牟丹丹
项目地点：北京市
项目面积：22000 m²

## （1）建筑

建筑风格：现代城镇设计风格

建筑特点：本项目为改造市政景观项目，其依托的建筑为 1990 年左右建成的商业建筑，建筑环境复杂，建筑群体较多，建筑风格特征不太明显。

## （2）景观

景观风格：现代简约的景观设计风格

景观特点：以实用、美观为设计原则，以方便居民出行和逗留休憩为设计目的。

改造后的广场改变了原有以硬质铺装为主的平面化布局，通过对空间布局和交通的整体梳理，塑造以"城市绿荫"为特色的公共空间。新的广场空间重新分区，对地面和地下环境进行重组和提升；包括重组交通流线，对原地铁与地下商场和广场的地面交通进行优化；增加聚集空间和活动场地；调整绿化布局、增加林荫面积和休息区等，为市民提供有实际使用价值的广场。

景观植物：乔木层——银杏、油松、国槐、紫薇、雪松、碧桃、紫叶李、西府海棠等

灌木层——金叶女贞、大叶黄杨、紫丁香、红王子锦带、凤尾丝兰等

地被层——矮牵牛、铺地柏、虞美人等

**VEGETATION**
-Pleasant environment (Stay,Rest)
-Attractive views (Seasonal condition)

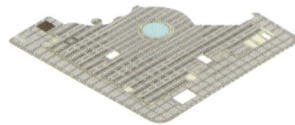

**PAVEMAENT AND URBAN ELEMENTS**
-Space control
-Functional space

**CIRCULATION AND NEW ACCESS**
-Movement directions
-Flow dimmension
-Access from different levels

**CONSERVATION**
-Services and connections
-Memory of the square (Ancient portal,Water center, Green slope)

**ALL ELEMENTS**
-Multiple activities for people

Xidan Cultural Square

结构图 1

结构图 2

① 植物名称：雪松
又称香柏，树形优美、树形高大，其主干下部的大枝自近地面处平展，长年不枯。适合孤植、列植于园路的两旁，形成通道，颇为壮观，是世界著名的庭园观赏树种。

② 植物名称：碧桃
落叶乔木，树冠宽广，孤植或列植均可，且其对多种气体有较强抗性，也常用于工厂绿化。

③ 植物名称：紫叶李
落叶小乔木，花期 3 ~ 4 月，花叶同放，具有广泛的园林用途。孤植于门口、草坪能独立成景；点缀园林绿地中，能丰富景观色彩；成片群植，构成风景林，景观效果颇佳。

植物配置：紫薇 + 雪松 + 碧桃 + 紫叶李 - 金叶女贞 + 大叶黄杨

**①** 植物名称：矮牵牛
花色丰富，有白色、红色、紫色、黄色等，在园林造景中较常见。

**②** 植物名称：紫薇
落叶小乔木，又称为痒痒树，紫薇的花期是 5~8 月，花期较长，观赏价值高。栽植在草坪上的紫薇，夏季花期来临时，虽然植物体量不太大，但是在常绿乔木丛中，给人带来一点惊喜的感觉。

**③** 植物名称：银杏
树形优美，树干高大挺拔，叶形奇特美丽，叶色秋季变为金黄色，是优良的行道树和庭院树种。

**④** 植物名称：大叶黄杨
大叶黄杨是一种温带及亚热带常绿灌木或小乔木，因为极耐修剪，常被用作绿篱或修剪成各种形状，较适合于规则式场景的植物造景。

**⑤** 植物名称：金叶女贞
常绿灌木，生长期叶子呈黄色，与其他色叶灌木可修剪成组合色带，观赏效果佳。

**⑥** 植物名称：虞美人
花形美丽，花色艳丽，是花坛、花境的常用材料。

植物配置：银杏 + 紫薇 - 大叶黄杨 + 金叶女贞 - 矮牵牛 + 虞美人

点评：大叶黄杨和金叶女贞修剪成带状，一条浓绿一条浅黄，似丝带一样在草地上蔓延开去。各色矮牵牛和虞美人也组成色彩斑斓的彩带，将整齐、规则的广场布置得春意盎然，格外美丽。

▲ 植物配置：西府海棠 + 紫丁香 - 金叶女贞篱 + 红王子锦带 + 铺地柏

① 植物名称：铺地柏
常绿小灌木，枝叶繁茂，常匍地而生。

② 植物名称：西府海棠
树干直立，树形秀丽优雅，花红、叶绿，果实小巧可人，常用于我国北方地区的庭院绿化中，可孤植、列植或丛植于水滨湖畔和庭院一角。因与玉兰、牡丹、桂花同植一处，取其音与意，有"玉堂富贵"之意，是造景的优选。

③ 植物名称：紫丁香
春季开花，花色紫色或蓝色，花大且芳香，是比较有名的庭院花灌木。株形丰满，枝叶茂密，适宜栽植于庭院一角或建筑物窗前。

④ 植物名称：红王子锦带
初夏开花，花色艳丽，花枝繁密，花期较长，可栽植于庭院角落和湖畔溪边。也可在假山、坡地之间作点缀之用。

⑤ 植物名称：国槐
落叶乔木，羽状复叶，深根，耐烟尘，能适应城市街道环境，树形高大的国槐，枝繁叶茂，能为空旷的广场提供更多绿意和荫凉。

建筑元素：❶ 牌坊柱础 ❷ 突显中国元素的牌坊

植物配置：国槐 + 银杏 - 大叶黄杨

点评：具有中国元素的牌坊与两旁列植的国槐、银杏显得格外和谐。国槐树形高大，枝叶繁茂；银杏姿态优雅，叶色秋季金黄。广场植物数量不是很多，留出了很大的活动空间，色彩方面没有特别丰富，比较具有整体感。灌木层采用广场、公园通常使用的修剪整齐的大叶黄杨，对称式排列可以突出气势并起到导向作用。

① 植物名称：油松
常绿乔木，树皮下部灰褐色，裂成不规则鳞块，裂缝及上部树皮红褐色；大枝平展或斜向上，老树平顶。油松和银杏搭配栽植，秋季金黄色的银杏叶飘落在油松上，十分美丽。常绿乔木和色叶树种植物搭配栽植，可以形成互补景观。

② 植物名称：凤尾丝兰
株形美丽，叶片挺拔浓绿，其形似盛开的莲花，其叶终年常绿，其花似一串串白色风铃，观赏价值较高，是良好的庭院绿化树种。

植物配置：大叶黄杨 + 紫薇 - 紫丁香 + 红王子锦带 + 金叶女贞篱 + 凤尾丝兰 + 铺地柏

点评：广场旁边游步道的景观植物层次相比于具有疏导交通的广场要丰富许多。乔木层主要有大叶黄杨、紫薇等组成，观叶和观花植物相结合；灌木层采用自然式栽植，选用了紫丁香、金叶女贞、红王子锦带等植物，株形不同、叶形各异、色彩丰富；草坪草结合铺地柏覆盖了阶梯状游步道两旁的其他剩余空间。整个游步道显得空间紧凑、舒适宜人。

植物配置：银杏 + 油松 + 紫薇 + 国槐 - 大叶黄杨 - 矮牵牛

**植物配置：银杏 + 油松 - 金叶女贞**

**点评**：银杏树形优雅独特，叶形似扇形，别致可爱，叶色秋天变为金黄，是道路绿化、广场绿化的良好树种。广场面积较大，空间开阔，方便市民集散和开展户外活动。列植成行的银杏树，树型适中，秋季叶片变黄，将广场装点得格外美丽。

# 建筑植物配置——半公共景观

## 北方篇

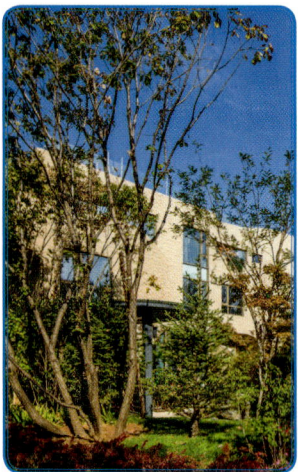

# 国锐密水居

设计公司: 优地联合(北京)建筑景观设计咨询有限公司
设计师: 李建宏、朱海
项目地点: 北京市
项目面积: 48102 m²

## （1）建筑

建筑风格: 现代风格

建筑特点: 建筑外形上简洁大方, 没有太多复杂的层次和夸张的造型; 建筑色彩方面, 以黑色、白色、灰色以及建筑材料原本的色彩为主, 没有太多绚丽的色彩; 建筑材料方面, 以水泥、混凝土、钢筋、木材、石材等为主要建造材料。

## （2）景观

景观风格: 现代自然式风格

景观特点: 根据项目的独特区位优势, 将项目定位为驿站式度假居所。周末以及节假日期间, 可作为休憩及中转的居住点。因此项目必须精致化打造自身景观环境, 使其不仅具有良好的交通优势, 还具备良好的环境品质, 为业主提供优质的度假空间。本案项目分为南北两区, 两区的景观设计各有其特点。

北区:

通过合理的场地功能梳理和适宜的景观营造手段, 使庭院最大化, 同时拥有细节精致、类型多样、环保生态的公共景观空间。

南区:

1.屏蔽东西两侧不利元素: 通过地形营造和乔木遮挡, 不仅为南区景观带来多样性, 同时能将东西向的建筑进行有效屏蔽, 形成南区景观的独立性。

2.通过集中停车为北区建筑带来更大的院落: 权衡利弊, 建议以北区小院最大化为原则, 通过将小院停车位集中设置在南区得以实现。

3.不同节点打造串联形成功能多样化的景观空间: 合理组织南区的大面积景观空间, 营造富于变化的休闲空间和精致多样的生活环境。

种植设计特点: 注重植物层次的搭配, 力求营造出开合有致、氛围多样、季相变化丰富的植物围合空间。

1.林荫种植区强调植物的纵深感, 形成郁闭的树林甬道, 带来惬意的通行感;

2.开敞种植区以草坪和孤植大树为主, 结合乔木林缘形成边界感强烈的活动区;

3.芒草种植区为全园带来特异的观景体验, 同时形成南区的汇水洼地;

4.复式种植区主打精致细腻的植物组合, 形成浓郁怡人的环境氛围。

景观植物: 乔木层——蒙古栎、山杏、北美海棠、挪威槭、黄栌、红枫、银杏、红叶碧桃、元宝枫、国槐、山楂、新疆杨、榆叶梅、五角枫、法国梧桐、白蜡等

灌木层——大叶黄杨、木槿、太平花、天目琼花、金银木、卫矛、芒草等

地被层——鸢尾、紫萼、平枝枸子、五叶地锦、矮牵牛、鸡冠花、非洲凤仙、孔雀草、蓝花鼠尾草、八宝景天等

北区植物布置图

各个景观廊道主体植物所占比例为七种特殊植物的 40% 左右，做到搭配均衡的同时又给业主创造出不同的视觉效果和归属感。

杏

紫玉兰

丁香

桃

海棠

樱花

紫薇

南区乔木种植图

南区灌木及草、花、地被种植图

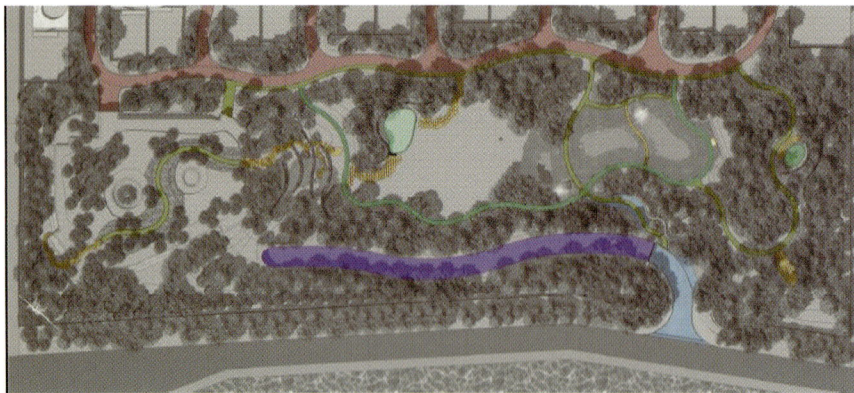
南区铺装材料

沥青路面

石条／石板铺地

木栈道／木平台

花岗石碎拼

砾石路面

① 植物名称：鸡冠花
一年生草本植物，夏秋季开花，花多为红色，呈鸡冠状，享有"花中之禽"的美誉，是园林中著名的露地草本花卉之一，鲜艳明快，有较高的观赏价值。

② 植物名称：紫丁香
春季开花，花色紫色或蓝色，花大且芳香，是比较有名的庭院花灌木。株形丰满，枝叶茂密，适宜栽植于庭院一角或建筑物窗前。

③ 植物名称：三色堇
二年或多年生草本植物，每花通常有紫、白、黄三色，花期4~7月，布置春季花坛的主要花卉之一。

④ 植物名称：丁香
小乔木或灌木，花色洁白，花型偏小，花期为初夏时节，是北方较优良的庭院、道路绿化观花植物。

⑤ 植物名称：蓝花鼠尾草
唇形科多年生芳香草本植物，原产于地中海，植株灌木状，高约60cm，花蓝色。常生于山间坡地、路旁、草丛、水边及林荫下。

⑥ 植物名称：银杏
树形优美，树干高大挺拔，叶形奇特美丽，叶色秋季变为金黄色，是优良的行道树和庭院树种。初入秋季的银杏，叶片半绿半黄。

⑦ 植物名称：非洲凤仙
叶色翠绿，花朵娇嫩，花色玫红色，花期较长，几乎一年四季都可开花。可以用来装饰花坛、花境。

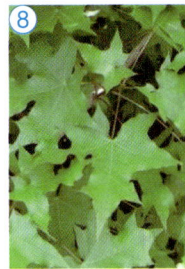

⑧ 植物名称：五角枫
落叶乔木，嫩叶红色，秋叶橙红，是良好的色叶树，可作为庭荫树、行道树等。

建筑元素：❶ 小区入口 LOGO 景墙

植物配置：国槐 + 蒙古栎 + 银杏 + 五角枫 + 山杏 - 大叶黄杨球 + 北美海棠 + 紫丁香 + 丁香 - 鸡冠花 + 三色堇 + 蓝花鼠尾草 + 非洲凤仙

点评：通过丰富的组团种植提升入口区的景观氛围，使之成为外部环境中极其精致的一部分。

LOGO 墙色泽温暖，案名低调，提供良好的引导性而不产生浮躁的炫耀感。从园外难以窥视园区一斑，甚至不能看见大门构筑物，烘托出低调而精致的环境氛围。沙砾石铺地的入口区域低调而极近自然。在沙砾摩挲声中渐见大门。

点评：多重镂花的金属门，瘦而不透，漏而不显。石材精致打磨砌筑的墙体，彰显项目品质感。

**① 植物名称：紫萼**

百合科玉簪属植物，又被称为紫玉簪。其生长习性与玉簪差异不大，喜阴耐寒，可以栽植于林下荫蔽的环境作地被植物，紫萼花色蓝紫色，十分淡雅美丽，其观赏价值较高。

**② 植物名称：丛生蒙古栎**

可栽植于庭院、公园等地作园景树或者列植于道路两侧作行道树，也可与其他常绿树种混交栽植成林。

建筑元素：**① 园路**

植物配置：蒙古栎 + 国槐 + 山楂 + 山杏 - 金叶女贞 + 木槿 + 天目琼花 + 紫萼 - 八宝景天

点评：树木林立的绿色甬道，通过曲线变化带来视觉变化，通过高低起伏形成多样的行车体验，同时具有降低行驶速度的作用。

③ 植物名称：国槐
落叶乔木，羽状复叶，作为住宅小区内部的园路，此处的植物景观显得格外丰富。国槐树形高大，与前面其他的乔木树种，如杏树、银杏等形成了多个层次。

④ 植物名称：天目琼花
落叶灌木，树态清秀，复伞形花序，花开似雪，果赤如丹，叶形美丽，秋季变红。孤植、丛植、群植均可。

⑤ 植物名称：山杏
落叶灌木或小乔木，喜光，耐寒且耐干旱，经济价值较高，也可用于园林或绿化建设中。

⑥ 植物名称：木槿
也叫无穷花，落叶灌木或小乔木，花形有单瓣、重瓣之分，花色有浅蓝紫色、粉红色或白色之别，木槿树形小巧，花色鲜艳，丰富了参差多变的植物层次。

⑦ 植物名称：八宝景天
多年生肉质草本植物，株高 30 ~ 50cm，植株整齐，生长健壮，管理粗放。花开时好似一片粉烟，群体效果极佳，常用来布置花坛。

⑧ 植物名称：山楂
落叶乔木，其果实饱满且色泽红艳，具有一定的观赏价值，果实具有食用和药用的价值。

建筑元素：❶ 园路

植物配置：白蜡 + 法国梧桐 + 蒙古栎 + 云杉 + 山杏 + 紫叶李 - 黄栌 + 金叶女贞球 + 大叶黄杨球 + 紫薇 + 金银木 - 孔雀草

点评：园路两旁的植物景观高低错落，层次丰富，更凸显出道路的纵深感，形成郁闭的树林甬道，带来惬意的通行感。

**① 植物名称：孔雀草**
一年生草本植物，茎直立，花色橙色、黄色极为耀眼，花朵日出而开，日落而闭。

**② 植物名称：丛生黄栌**
又名红叶，著名的北京香山红叶即是黄栌，是我国有名的观叶植物。黄栌叶色秋季转红，红艳如火，如成片栽植，能够营造骄阳似火的景观效果，也可与其他常绿乔木搭配栽植，混植于常绿树群之中，红与绿的鲜明对比，别有一番意境。

**③ 植物名称：白蜡**
一种药材性植物，树形端正，树干通直，枝叶繁茂而鲜绿，秋叶橙黄，观赏价值高，是一种优良的行道树和遮阴树。

**④ 植物名称：紫叶李**
落叶小乔木，花期 3~4 月，花叶同放，具有广泛的园林用途。栽植于黄栌、银杏和国槐等高大乔木后方的紫叶李，透过乔木种植的间隙，让园路景观的色彩更加丰富和饱满。

**⑤ 植物名称：金叶女贞球**
常绿灌木，生长期叶子呈黄色，与其他色叶灌木可修剪成组合色带，观赏效果佳。金叶女贞与大叶黄杨搭配栽植，形成了灌木的第一个层次，这个层次的植物，色彩比较稳重、耐看，不过分夺目，让颜色鲜艳的地被植物如孔雀草、鸡冠花等能够显得更加靓丽、出色。

**⑥ 植物名称：云杉**
常绿乔木，树形端正，枝叶茂密，可孤植于庭院，独树成景，也可片植，多用在庄重肃穆的场合。叶上有明显粉白气孔线，远眺如白云缭绕，苍翠可爱。

⑦

植物名称：法国梧桐
落叶乔木，树干高大，枝叶茂盛，生长迅速，易成活，耐修剪，广泛栽植作行道绿化树种，在园林中孤植于草坪或旷地，列植于甬道两旁，颇为雄伟壮观。

⑧

植物名称：丛生紫薇
落叶小乔木或灌木，树干光滑，用手抚摸树干，植株会有微微抖动，紫薇的花期是5~8月，花期较长，观赏价值高。

⑨

植物名称：大叶黄杨球
大叶黄杨是一种温带及亚热带常绿灌木或小乔木，因为极耐修剪，常被用作绿篱或修剪成各种形状，在此处与金叶女贞搭配更加能够突出其特点。

⑩

植物名称：金银木
又名金银忍冬，是花果均有较高观赏价值的花灌木。春季可赏其花闻其味，秋季可观其累累红果。花色初为白色，渐而转黄，远远望去，金银相间，甚为美丽。金银忍冬可丛植于草坪、山坡和建筑物附近。

⑪

植物名称：鸢尾
鸢尾观赏价值较高，叶片剑形，形态美丽，花型大且美丽，较耐阴，可栽植于林下和墙角边，景观效果好。

⑫

植物名称：丛生元宝枫
落叶乔木，冠大荫浓，树姿优美，叶形秀丽，嫩叶红色，秋季叶又变成黄色或红色，为著名秋季观红叶树种。

建筑元素：❶ 园路

植物配置：法国梧桐 + 蒙古栎 + 国槐 + 元宝枫 - 云杉 - 金叶女贞 + 鸢尾 + 鸡冠花 + 粉花非洲凤仙 + 红花非洲凤仙

① **植物名称：北美海棠**
落叶小乔木，花色鲜艳，果实紫红，其花、果均有较高观赏价值。可孤植、丛植于草坪。

② **植物名称：卫矛球**
灌木植物，通常高为1~3m，其耐修剪能力较强，可修剪成球形或其他造型，运用在园林绿化中。卫矛春季嫩叶初为红色后转绿色，秋季时叶片变为红色，入冬后蒴果裂开变红，也具有较高的观赏价值。

**建筑元素：❶ 异形建筑**

**植物配置：白蜡 + 蒙古栎 - 北美海棠 + 紫丁香 - 金叶女贞 + 大叶黄杨球 + 卫矛球 - 鸢尾**

**点评：**独特的现代建筑搭配其周围的花草树木，让空间显得格外安静和舒适。

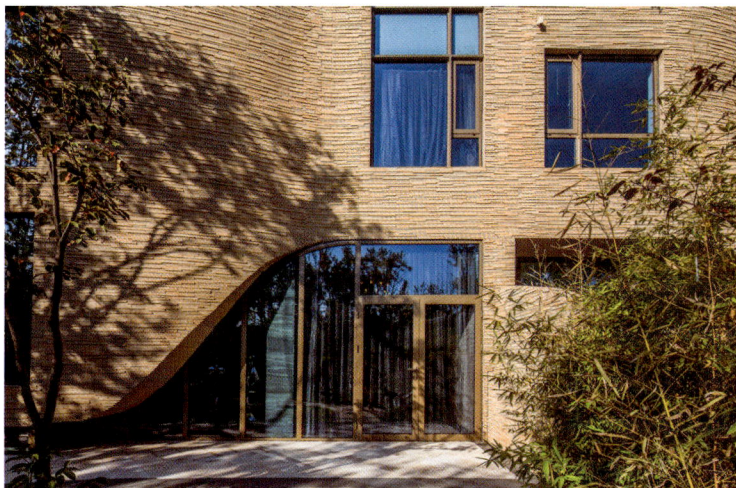

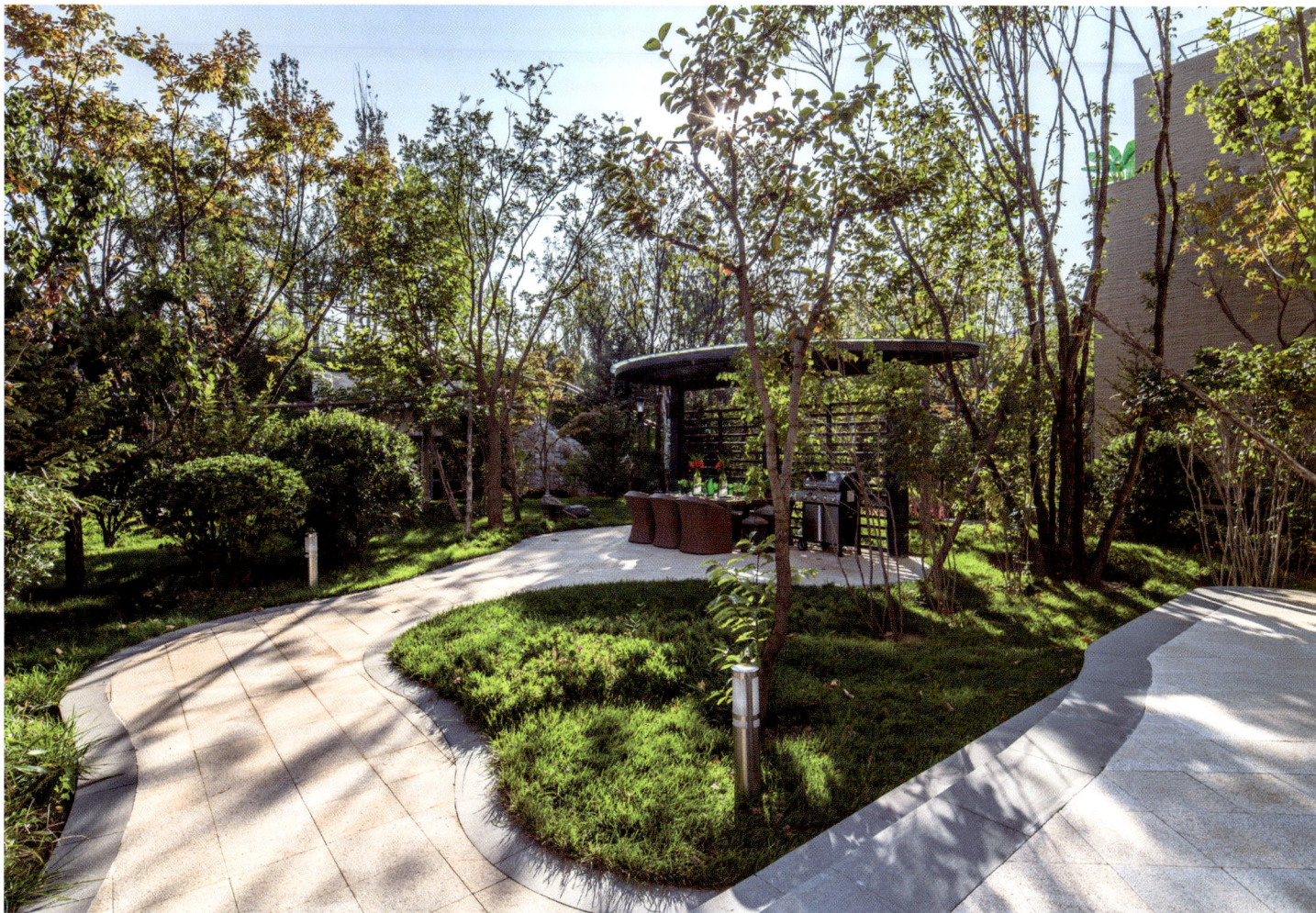

**① 植物名称：榆叶梅**
落叶灌木，因其叶似榆叶，花似梅花而得名，亦有重瓣品种，园林中常修剪成自然开心形，多用于草地或配植假山池畔，花多美观，是良好的观花植物。

**② 植物名称：新疆杨**
树形优美，叶片美丽，可孤植、丛植于公园和草坪。在新疆、甘肃、宁夏等地多有栽植。

**③ 植物名称：五叶地锦**
叶具五小叶，新叶时叶片嫩绿，秋季变为鲜红色，色彩夺目，可用来作为垂直绿化植物，装饰墙面和棚架，也可作为地被植物运用。

**④ 植物名称：平枝栒子**
匍匐状灌木，叶片较小稍革质，叶形排列较密集。秋季时节叶片变红，且有红色果实，是观赏价值颇高的观叶观果植物，红果经久不落，在北方飘雪时节，雪中红果点点，甚是美丽。可以用来装点庭院风景，栽植于矮墙、假山盆景等处。

**⑤ 植物名称：芒草**
生长范围较广泛，对环境的适应性较强，因其株形颇具野趣，常与置石配植，营造粗犷、具野趣的景观环境。

**⑥ 植物名称：沙地柏**
适应性强，是良好的固沙护坡植物。

**建筑元素：❶ 地下停车场**

**植物配置：**蒙古栎 + 国槐 + 新疆杨 + 白蜡 - 榆叶梅 + 紫丁香 + 黄栌 - 五叶地锦 - 平枝栒子 + 鸢尾

**点评：**屋顶花园及覆土建筑的处理方式将地下停车场和景观外环境有效结合在一起。使地下停车场的庞大体量感得以弱化，甚至隐藏在绿树环绕的山丘之中。地下停车场入口旁的过道石墙上攀爬着红艳艳的五叶地锦，秋季变色后的叶片红火似春天的花朵，给静谧的空间带来了热闹。

**建筑元素：❷ 园路**

**植物配置：**国槐 + 元宝枫 + 北美海棠 - 紫丁香 + 大叶黄杨球 + 沙地柏 + 芒草

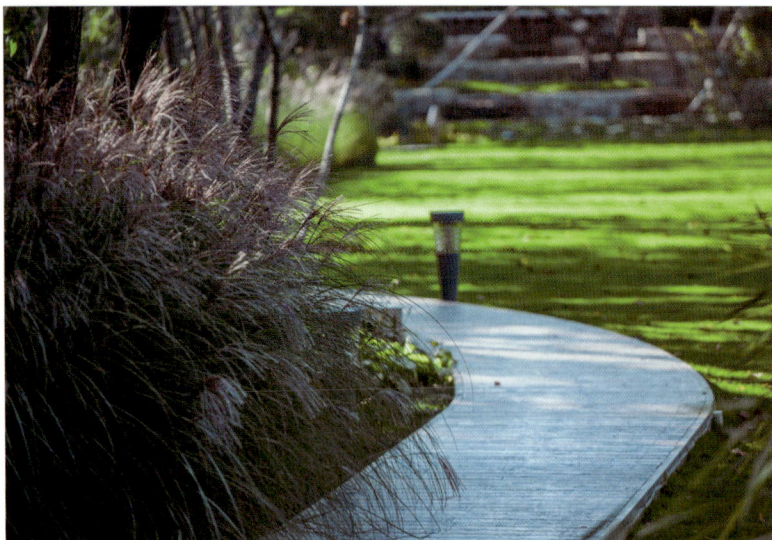

点评：芒草种植区实际是南侧园区的雨水汇集下渗地。通过景观化的手段将雨水自我消解处理，同时形成野趣空间，带来不同的游园体验。

**建筑元素：❶ 景观休闲座椅**

**植物配置：** 蒙古栎 + 挪威槭 + 山楂 + 玉兰 + 海棠 + 山杏 - 红枫 - 大叶黄杨 + 金叶女贞 + 细叶芒

点评：根据庭院标准模式，配置不同的小品和功能构筑物，实现院落的统一性和多样性。

**植物名称：玉兰**
落叶乔木，中国著名的花木。花期 3 月，先叶开放，10 天左右花期，花白如玉，花香似兰。树型魁伟，树冠卵形。玉兰对有害气体的抗性较强，是大气污染地区很好的防污染绿化树种。

**植物名称：挪威槭**
槭树科落叶乔木植物，其树形优美、树干笔直、树冠宽广，是优良的行道树种。

**植物名称：细叶芒**
多年生草本植物，叶片纤细、直立，成丛成片栽植生长，是用来营造野趣景观、丰富竖向景观层次的优良材料。户外沙发后面栽植的细叶芒茎叶纤细柔软，柔化了观景木平台的边缘，让室内室外景观更加和谐地融合在一起。

点评：季相各有特色的花园街区，形成性格各异的景观廊道。无硬质边界的庭院极尽自然态，为业主提供舒适的半私密户外空间。

**植物名称：红枫**
其整体形态优美动人，枝叶层次分明飘逸，广泛用作观赏树种，可孤植、散植或配植，别具风韵。

点评：跌瀑水景为东西景观轴线形成强力收尾，同时能为业主提供与动态水景互动的趣味空间。

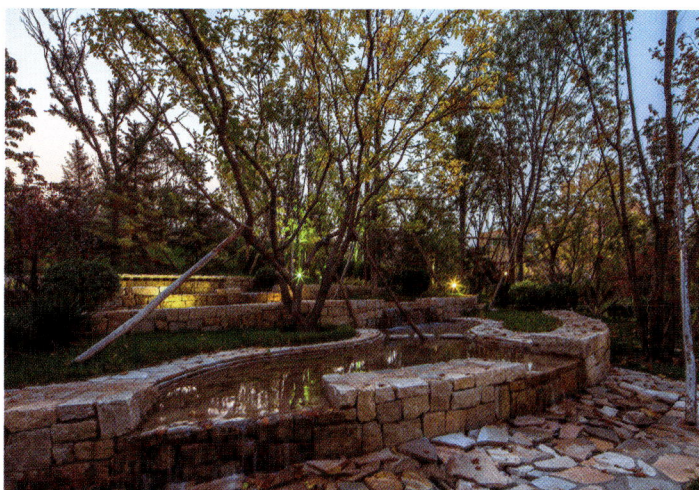

# 西宸原著

设计公司：优地联合（北京）建筑景观设计咨询有限公司
设计师：由杨、李建宏
项目地点：北京市
项目面积：4014 m²

## （1）建筑

建筑风格：新中式风格

建筑特点：新中式建筑风格，延续了传统中式的空间层次感，并将中式古典花纹造型提炼成简单又饱含中式风格的元素，色调使用方面以白色、黑色和红色为主色调，将现代材料和传统样式相结合。

## （2）景观

景观风格：新中式风格

景观特点：西宸原著以玉之美德为景观设计理念，旨在打造出高品质的生活体验。以玉润泽优雅的气质为主题，打造柔和亲切近人、典雅的风格景观，不过分做作，但注重细节的精致。水贯穿全园，打造水浣原玉、滴水打玉的听觉景观。

在材料选择上注重真材实料，表里如一，将真实的"玉石"加入景观材料中，体现高端品质。本方案充分体现出当地的历史人文底蕴、曲径通幽的自然环境、诗情画意的园林感受；准确适宜的人体尺度、精致细腻的品质生活。

景观植物：乔木层——五角枫、国槐、白蜡、刺槐、云杉、千头椿、蒙古栎、油松、红枫、山桃、红叶碧桃、柳树、石榴等

灌木层——金银木、女贞、黄杨、大叶黄杨、平枝枸子、珍珠兰、红瑞木、紫叶小檗、紫丁香等

地被层——南非万寿菊、波斯菊、大花萱草、鸢尾、红花酢浆草、石竹、皇帝菊、八宝景天、千屈菜、大花飞燕草、春羽、凤尾兰等

项目概况：

龙湖•西宸原著示范区项目位于丰台区丰北路北侧，西与丰台体育中心相望，南与丰台花园毗邻。紧邻地铁九号线、十号线、十四号线，及周边各种档次的饭店、酒楼、娱乐城、文化活动馆等休闲场所。

交通系统：

本项目全园内为纯步行区间，车辆停在位于园区入口北侧的停车场。园区步行入口为东大门，也是示范区的形象入口。园区内前场采用广场式甬道，与镜面水池交相呼应，强烈的仪式感突显场地氛围。后场道路系统采用自然的曲线园路，使交通流线更加顺畅，也为种植留足空间，增添景观层次。

植物配置：

本项目在植物配置上做到品种与层次双丰富，通过大乔木构建整体空间骨架，林冠线变化丰富；合理运用灌木花草，打造多重种植景观，与硬质景观形成良好的呼应。

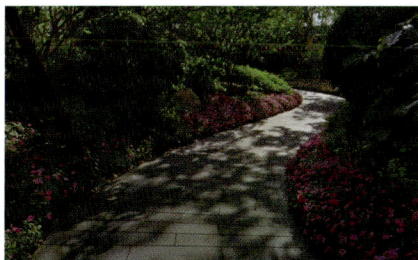

繁花小路

主要树种：丛生五角枫、国槐、白蜡

地被：草坪、应季花卉

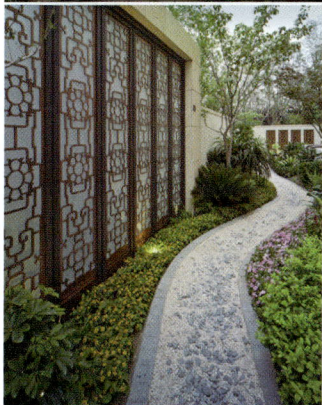

竹林夹道

阳光草坪

主要树种：五角枫、洋槐、云杉、红枫、紫丁香

地被：蓝花鼠尾草

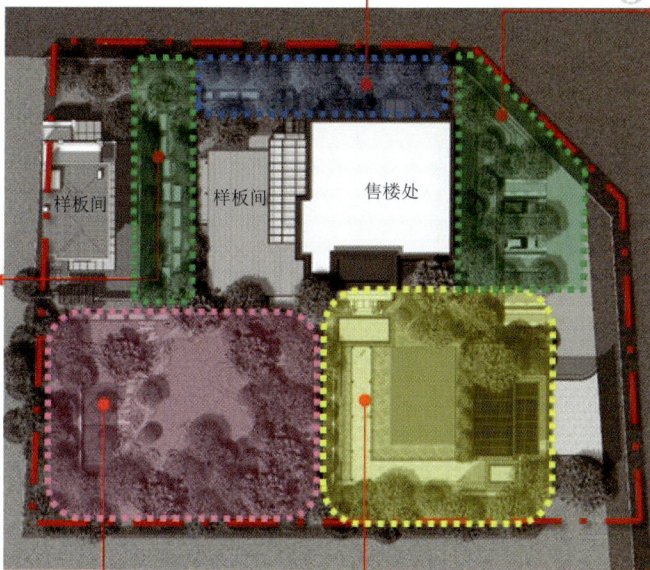

样板间　样板间　售楼处

停车场

主要树种：白蜡

前庭

主要树种：丛生五角枫、洋槐、白蜡、云杉

灌木：金银木、紫薇、黄杨球、女贞球

植物配置图

① 植物名称：海芋

天南星科，多年生草本，大型喜阴观叶植物，林荫下片植，叶形和色彩都具有观赏价值。海芋外形简单清纯，可做室内装饰。海芋全株有毒，以茎干最毒，需要注意。

② 植物名称：白蜡

一种药材性植物，树形端正，树干通直，枝叶繁茂而鲜绿，秋叶橙黄，观赏价值高。树形高大的白蜡树，在光线、水景和照壁景观的衬托下，显得线条感十足。

③ 植物名称：鹤望兰

多年生常绿草本植物，又称为天堂鸟，叶片长圆披针形，株形姿态优美而高雅，花形奇特，状似仙鹤昂首而命名。栽植于庭院内和山石旁颇有韵味。

④ 植物名称：春羽

多年生常绿草本观叶植物。叶片大，叶形奇特，叶色深绿且有光泽，是较好的室内观叶植物。由于其较耐阴，可栽植于比较阴郁的环境。

**植物名称：紫丁香**
春季开花，花色紫色或蓝色，花大且芳香，是比较有名的庭院花灌木。株形丰满，枝叶茂密的紫丁香在花期来临时可以更好地装饰建筑外门庭景观。

**植物名称：国槐**
落叶乔木，羽状复叶，国槐树形高大，到了冬季，叶片凋零后，其枝条也极具美感。

**建筑元素：❶ 售楼大厅**

**植物配置：** 白蜡 + 元宝枫 + 国槐 + 云杉 + 蒙古栎 - 紫丁香 + 鸡爪槭 - 大叶黄杨球 + 海芋 + 鹤望兰 + 春羽 - 玛格丽特 + 金叶女贞

**点评：** 进入大门，对景为玉石照壁，给人以庄严尊贵之感。路的两侧为镜面水池，水面薄而清透，这种做法既节约成本，在冬季无水情况下，又可作为铺装广场使用保证四季的景观效果。丰富的种植层次，灌木、球类错落有致。大规格国槐使天际线变化丰富。地被花卉长势旺盛，收边做得干净整齐。

**植物名称：鸡爪槭**
又名鸡爪枫、青枫等，落叶小乔木，叶形优美，入秋变红，色彩鲜艳，是优良的观叶树种，以常绿树或白粉墙作背景衬托，观赏效果极佳，深受人们的喜爱。

**植物名称：丛生元宝枫**
落叶乔木，冠大荫浓，树姿优美，叶形秀丽，嫩叶红色，秋季叶又变成黄色或红色，为著名秋季观红叶树种。

**植物名称：云杉**
常绿乔木，树形端正，枝叶茂密，独树成景，也可片植，多用在庄重肃穆的场合。建筑前的云杉显得更加挺拔，色彩稳重不跳跃，能够更好地突出建筑物的体量感。

**植物名称：丛生蒙古栎**
可栽植于庭院、公园等地作园景树或者列植于道路两侧作行道树。也可与其他常绿树种混交栽植成林。

**① 植物名称：变叶木**
灌木或小乔木，叶色奇特，各品种间色彩及叶形差异大，通常用于营造热带景观效果。

**② 植物名称：三角梅**
常绿攀缘灌木，又称为九重葛、毛宝巾、勒杜鹃。由于其花苞片大，色泽艳丽，常用于庭院绿化。

**③ 植物名称：大叶黄杨球**
温带及亚热带常绿灌木或小乔木，具有耐修剪的特点，常被用作绿篱或修剪成各种形状，栽植于门庭前；易打理，景观绿化效果突出。

**④ 植物名称：散尾葵**
丛生常绿小乔木，茎干光滑，羽状复叶，叶形优美、飘逸。可与其他棕榈科植物搭配栽植一同营造热带景观风景。较常见栽植于草地、宅旁。

**⑤ 植物名称：栾树**
又称大夫树、灯笼树，落叶乔木，树形端正，枝叶茂密而秀丽，春季嫩叶多为红叶，夏季黄花满树，入秋叶色变黄，果实紫红，形似灯笼，十分美丽；其适应性强、季相明显，是理想的绿化树种。

**⑥ 植物名称：柳树**
乔木植物，常栽植于湖畔、池边，与桃花搭配栽植，营造桃红柳绿的意境。树形高大的柳树也可以单独栽植于庭院、公园草坪等地，可以作为孤赏树栽植。

**⑦ 植物名称：丁香**
小乔木或灌木，花色洁白，花型偏小，花期为初夏时节，栽植于门庭前，其体量不大，但景观效果突出，花期一到，会像穿着蕾丝裙的小姑娘，给人眼前一亮的感觉。

**⑧ 植物名称：卫矛球**
灌木植物，通常高为1~3m，其耐修剪能力较强，可修剪成球形或其他造型，运用在园林绿化中。卫矛春季嫩叶初为红色后转绿色，秋季时叶片变为红色，入冬后蒴果裂开变红，也具有较高的观赏价值。

植物名称：南非万寿菊
菊科多年生草本花卉植物，花大色艳，花期长，可成片栽植于花坛、花境和草坪边缘，景观效果佳。

建筑元素：❶ 住宅建筑入口

植物配置：蒙古栎 + 栾树 + 鸡爪槭 + 柳树 + 散尾葵 + 丁香 - 三角梅 + 大叶黄杨球 + 卫矛球 - 变叶木 + 南非万寿菊

点评：入口延续了大门的华贵庄重的中式风格，极具精致细节和符号感，提升了体验区的品质。入院之后细腻精致的景观品质，极大地满足了客户的使用需求，无形之中提高了业主的归属感。

建筑元素：**①** 住宅建筑

植物配置：鸡爪槭 - 菜豆树 + 龙血树 + 苏铁 + 鹅掌柴 + 金心也门铁 + 也门铁 + 非洲茉莉 - 竹芋 + 羽扇豆 + 非洲凤仙 + 金叶女贞 + 皇帝菊

点评：住宅建筑外的小庭院面积虽小，但是景色却很丰富。蜿蜒的砂石小径，两旁景色郁郁葱葱，常绿灌木植物为主，并使用株形各不相同的植物，在不加入过多色彩的同时增加了景观的质感。

**1** 植物名称：鹅掌柴
是较常见的盆栽植物，也可栽植于林下，营造不同层次的园林景观。

**2** 植物名称：皇帝菊
叶片翠绿，花朵顶生枝顶，花色金黄色，可与其他花卉植物搭配栽植于花坛、花境中。

**3** 植物名称：金叶女贞
叶色金黄，具有较高的绿化和观赏价值。常与红花檵木配植做成不同颜色的色带，常用于园林绿化和道路绿化。金叶女贞栽植于曲径小道旁，与地被植物搭配，色彩鲜艳，且易于打理和养护。

**4** 植物名称：非洲凤仙
叶色翠绿，花朵娇嫩，花色玫红色，花期较长，几乎一年四季都可开花。用花色鲜艳的花卉地被植物来装点花境、花池等，能够在短时间内营造出繁花似锦的效果。

**5** 植物名称：羽扇豆
多年生草本植物，也称为"鲁冰花"。顶生的总状花序十分美丽，可以与毛地黄等花卉植物一同栽植于花境中，营造竖向景观。

**6** 植物名称：竹芋
喜阴，枝叶茂密，叶色浓绿，株形丰满，叶正面为绿色，背面为紫红色，是优良的观叶植物。

**7** 植物名称：也门铁
常绿小乔木或灌木，叶片宽线形，其生长速度慢，寿命长，观赏时间长，是室内外观叶价值颇好的景观植物。很多家庭会选择植株高度适宜的也门铁放于客厅或书房内装点室内环境、吸收有毒气体。

**8** 植物名称：非洲茉莉
常绿小乔木或灌木，耐修剪，花期较长，冬夏季均开花，花香淡淡，由于其具有一定的耐修剪能力，可与部分高大乔木搭配栽植，常用于公园，也可用于家居内盆景摆设。

**9** 植物名称：金心也门铁
百合科常绿小乔木或灌木，株形美丽、叶形飘逸、叶色亮绿，是室内装饰和园林绿化的良好观叶树种。

**10** 植物名称：苏铁
常绿棕榈状木本植物，雌雄异株，树形古朴，茎干坚硬如铁，体形优美，是珍贵的观叶植物。

**11** 植物名称：龙血树
常绿小乔木，树姿美观，富有热带特色。可与棕榈科其他植物配植营造热带风情效果，也可群植于草坪。

**12** 植物名称：菜豆树
乔木，常栽植于湖畔、池边，与桃花搭配栽植，营造桃红柳绿的意境。

**① 植物名称：水葫芦**

水生植物，花色淡雅美丽，叶色翠绿，叶片光泽有质感，其观赏价值较高。由于生长繁衍速度快，且管理粗放，如果大面积栽植使用，会影响到水域内其他动植物的生长，在园林绿化中使用时，需要注意其侵略性，合理利用。

**② 植物名称：早园竹**

别名雷竹，禾本科刚竹属下的一个种，是观形、观叶的禾本科植物，广泛分布于我国华北、华中及华南各地，北京地区常见栽培，生长良好。

**③ 植物名称：矮牵牛**

花色丰富、有白色、红色、紫色、黄色等，在园林造景中较常见。矮牵牛花色美丽，管理粗放，适当修剪可以营造出爆盆的效果，栽植于花盆中的矮牵牛可以成为整体景观的点睛之笔。

**④ 植物名称：荷花**

多年生水生草本植物，挺水花卉，花期为6~9月，水景造景中必选植物。荷花清新秀丽，自古以来就有"出淤泥而不染，濯清涟而不妖"的美誉，是文人墨客、摄影爱好者的心头好。

**⑤ 植物名称：海棠**

观花观果的优良景观树种。其花色艳丽，花姿绰约，盛花期时，满树红艳，如彩云密布，甚是美丽。海棠类树种园林绿化中使用较多，其树形优美，花色艳丽，可以常绿树种为背景，与较低矮的花灌木搭配栽植。

**⑥ 植物名称：竹子**

禾草类植物，种类多，枝杆挺拔修长，四季青翠，凌霜傲雪，倍受中国人民喜爱。中式风格的庭院，常用竹子来营造意境和氛围。

建筑元素：**❶** 镂空墙

植物配置：云杉 + 海棠 + 国槐 - 竹子 + 早园竹 + 鸡爪槭 - 非洲茉莉 - 变叶木 + 皇帝菊 + 非洲凤仙 + 水葫芦 + 矮牵牛 + 荷花

① 植物名称：木茼蒿
有玛格丽特之称，木质化灌木植物，头状花序，花朵小巧别致，花色有白色、粉色等颜色，是营造美丽花坛、花境的良好材料。

② 植物名称：山杏
落叶灌木或小乔木，喜光，耐寒且耐干旱，经济价值较高，也可用于园林或绿化建设中。

**植物名称：玉带草**

多年生宿根草本植物，叶片条形，叶色淡绿色，外形似玉带。可以作为水景的点缀材料，用来丰富景观色彩和层次。

**建筑元素：❶ 卵石园路**

**植物配置：**紫叶李 - 大叶黄杨球 + 山杏 + 金叶女贞球 + 玉带草 + 黄杨球 + 紫叶小檗 - 玛格丽特 + 金叶女贞 + 玉簪 + 春羽

**点评：**本项目在植物配置上做到品种与层次双丰富，通过大乔木构建整体空间骨架，林冠线变化丰富；合理运用灌木花草，打造多重种植景观，与硬质景观形成良好的呼应。

**植物名称：黄杨球**

常绿灌木或小乔木，分枝多而密集，枝叶繁茂，叶形别致，四季常青，常用于绿篱、花坛。可修剪成各种形状，用来点缀入口。较少作为乔木栽植。

**植物名称：紫叶小檗**

春开黄花，秋缀红果，叶、花、果均具观赏效果，耐修剪，适宜在园林中作花篱或修剪成球形对称配置，广泛运用在园林造景当中。

**植物名称：玉簪**

阴性植物，耐阴，喜阴湿的环境，适宜栽植于林下草地丰富植物群落层次。玉簪叶片秀丽，花色洁白，且具有芳香，花于夜晚开放，是优良的庭院地被植物。

**植物名称：紫叶李**

落叶小乔木，花期3~4月，花叶同放，具有广泛的园林用途。

**① 植物名称：千屈菜**

多年生草本，植株直立优雅，花多繁茂，紫红色，最适合在浅水中丛植。千屈菜株形小巧但是花色鲜艳，是点缀水景的良好植物。

**② 植物名称：平枝栒子**

匍匐状灌木，叶片较小稍革质，叶形排列较密集。秋季时节叶片变红，且有红色果实，是观赏价值颇高的观叶观果植物，此处，平枝栒子栽植于溪谷边，别有一番风味。

**③ 植物名称：剑兰**

也叫唐菖蒲，多年生草本，花期夏秋。

**④ 植物名称：扶芳藤**

园林绿化中常见的植物，适宜栽植于墙角、山石等地作点缀用，也可栽植于疏林下，是覆盖地面的良好观叶植物。其攀附能力不强，不适合作立体绿化植物。

⑤ 植物名称：佛甲草
景天科，多年生草本植物，适应性极强，耐寒。长江以南，四季常绿，翠绿晶莹；长江以北，春夏秋三季长势良好，花期在 4~5 月，是优良的地被植物，可用作屋顶绿化。

⑥ 植物名称：接骨木
花小而密集，果实红艳，是优良的观叶观花观果植物。

⑦ 植物名称：花叶芦竹
多年生挺水草本观叶植物。常用于池畔、湖边与水生花卉搭配栽植。

建筑元素：❶ 仿自然水景

植物配置：千屈菜 + 平枝栒子 + 唐菖蒲 + 玉带草 + 扶芳藤 + 紫叶小檗 + 金叶女贞 + 接骨木 + 花叶丁香 + 花叶芦竹 + 三角梅 - 佛甲草

点评：自然式栽植的植物，将跌水修饰得更加生动。小巧精致的叠石落水，不仅满足视觉感受，还给予参观者听觉享受。空间开合有度，行走其中体验感丰富。

# 原乡半岛

设计公司：优地联合（北京）建筑景观设计咨询有限公司
设计师：李建宏
项目地点：天津市
项目面积：11000 m²

## （1）建筑

建筑风格：现代风格

建筑特点：建筑在外形、色彩和材料使用方面均比较简洁大气，通过现代化的建造技术营造出舒适的居住空间，让建筑和周围景观更好地融合在一起。

## （2）景观

景观风格：岛居自然风格

景观特点：本项目定位为现代都市稀缺的游艇别墅、顶级豪宅典范。以生态湖面为中心，周围由景观会所、联排别墅、阳光广场、疏林草坡等主要景观节点组成，营造出富有享受感的景观体验环境，充分体现花园般的环境品质。

项目以"原乡、艺术、时光"为景观设计理念。

原乡：功能上强调社区、邻里、家庭的交流，一个似曾相识的故乡。

艺术：景观上体现设计感、趣味性和度假感。

时光：展示四季最美时光、记录家庭欢聚时刻。

景观植物：乔木层——五角枫、蒙古栎、松树、新疆杨、国槐、法国梧桐、云杉、碧桃、鸡爪槭、白玉兰等

灌木层——鹅掌柴、芦苇、大叶黄杨、变叶木、丁香、榆叶梅、紫丁香、黄栌、金银木等

地被层——鼠尾草、春羽、黄菖蒲、八宝景天、鸢尾、玉簪等

种植原则：

1. 在品种的选择上树种均采用乡土树种，便于采购和保证成活率。

2. 常绿树种与落叶树种相结合，乔灌草合理搭配，与植物本身色彩季相有机结合，营造优美动人的景观场景。

3. 重视植物个体习性，结合地形、小环境等营造生态优美环境。

平面图

▲ 建筑元素：**1** LOGO 景墙

植物配置：元宝枫 + 云杉 + 毛白杨 + 蒙古栎 - 大叶黄杨球 + 狼尾草 - 香彩雀

点评：鸿坤·原乡半岛以 "一湖、三湾、六岛" 为主线，以苏必利廊桥、稚趣天地、圣克鲁长滩、湿澜码头、圣克莱传说、森林百老汇、尼亚加时光等 13 大园林景观将整个社区串联成一体。

① 植物名称：元宝枫

落叶乔木，冠大荫浓，树姿优美，叶形秀丽，嫩叶红色，秋季叶又变成黄色或红色，为著名秋季观红叶树种。元宝枫体量较大，因为是栽植时间不太久，很多在移栽时被截去的枝干还没有完全恢复过来。

② 植物名称：云杉

常绿乔木，树形端正，枝叶茂密，可孤植于庭院，独树成景，也可片植，多用在庄重肃穆的场合。叶上有明显粉白气孔线，云杉的树形端正，不管是群植作为主景，还是孤植稍加点缀，都显得空间整齐、干净。

**③ 植物名称：狼尾草**
多年生植物，生性强健，萌发力强，容易栽培。

**④ 植物名称：香彩雀**
多年生草本花卉植物，其花形小巧别致、花色美丽淡雅、花期长、花量丰富，观赏价值颇高，是优良的园林花卉植物之一。可栽植于花坛、花钵中搭配主景使用。

**⑤ 植物名称：丛生蒙古栎**
可栽植于庭院、公园等地作园景树或者列植于道路两侧作行道树。也可与其他常绿树种混交栽植成林。枝叶繁茂的蒙古栎，是小区入口景观的背景乔木。

**⑥ 植物名称：大叶黄杨球**
温带及亚热带常绿灌木或小乔木，耐修剪，常被用作绿篱或修剪成各种形状，较适合于规则式场景的植物造景。修剪成球状的大叶黄杨栽植在角落，丰富入口景观层次。

**1** 植物名称：金银花
枝叶常绿，花小，有芳香，适宜栽植于庭院角落，可攀缘墙面和藤架，盛花期时，花香馥郁，白花点点。

**2** 植物名称：红枫
其整体形态优美动人，枝叶层次分明飘逸，广泛用作观赏树种，孤植于庭院入口的红枫，树形飘逸，色彩鲜艳明亮。

**建筑元素：** ❶ 住宅建筑　❷ 景观休闲亭

**植物配置：** 红枫 + 黄栌 - 大叶黄杨球 + 金银花 + 春羽

**点评：** 以赖特式建筑风格为背景，庭院植物配置也采用自然式栽植，色彩鲜艳、姿态飘逸的红枫与黄栌点缀着主体景观，层次丰富而茂密的灌木植物和地被，让庭院空间既不空洞也不杂乱。

**植物名称：春羽**
多年生常绿草本观叶植物。叶片大，叶形奇特，叶色深绿，且有光泽，是较好的室内观叶植物。春羽一般栽植在水岸、水池边。小区庭院的过道处栽植一丛春羽，能让植物在色彩、形态和质感上形成对比。

**植物名称：黄栌**
又名红叶，著名的北京香山红叶即是黄栌，是我国有名的观叶植物。黄栌叶色秋季转红，红艳如火，如成片栽植，能够营造骄阳似火的景观效果，也可与其他常绿乔木搭配栽植，混植于常绿树群之中，红与绿的鲜明对比，别有一番意境。

▲ 建筑元素：**❶** 景观花架

⋮ 植物配置：毛白杨 + 油松 + 山桃 + 云杉 - 金叶女贞球 + 春羽 + 鹅掌柴 + 大叶黄杨球 - 香彩雀

**①** 植物名称：油松
常绿乔木，树皮下部灰褐色，裂成不规则鳞块，裂缝及上部树皮红褐色；大枝平展或斜向上，老树平顶。

**②** 植物名称：金叶女贞球
常绿灌木，生长期叶子呈黄色，与其他色叶灌木可修剪成组合色带，观赏效果佳。

③ 植物名称：鹅掌柴
是较常见的盆栽植物，也可栽植于林下，营造不同层次的园林景观。

④ 植物名称：山桃
又名花桃，观赏果树，花期早，花美丽。以常绿植物为背景成片种植，观赏效果良好，也可在草坪、建筑等边缘作零星点缀，花桃因其良好的园林绿化效果而被广泛运用。

# 塞纳春天

设计公司：澳大利亚·柏涛景观
项目地点：河南省洛阳市
项目面积：26000 m²

## （1）建筑

建筑风格：法式新古典建筑风格

建筑特点：法式风格的建筑讲究对称设计，体量较大，气势恢宏。建筑形态方面，斜面设计较常使用，屋顶多采用孟莎式，屋顶上常见有屋顶窗，即老虎窗，且造型多样丰富，在中国建筑中较少出现；建筑色调方面，一般选用较为亮丽、清新的色彩，突出色彩与内在的联系，隐隐之中显现华贵、浪漫的气质；建筑材料方面，石材或仿石材的材料是其首选，干净且不突兀；建筑细节方面，法式建筑常见的细节设计即其美丽、优雅的法式廊柱、雕花等，注重细节的雕刻，使得法式建筑总能给人带来高贵、典雅的气息。

洛阳绿都塞纳春天遵循"九宫格局，十字轴线"的皇城布局，运用法国凡尔赛宫园林造景手法，通过水池、喷泉、花坛、植栽、亭台等元素的组合，构成一座风格独特的"法兰西式"大花园。

## （2）景观

景观风格：法式景观风格

景观特点：景观采用中轴对称的设计布局，充分考虑到景观和建筑的关系，营造出法式景观特有的空间尺度，大气尊贵的同时采用舒缓的展示节奏诠释法式皇家的品质与浪漫。园区点缀有富有趣味的法式风情雕塑小品，浓郁的异域风情园林，完美地展示了法式园林的艺术与意境。漫步其中，不经意间接受艺术的洗礼，使业主每次回家都陶醉在法式浪漫氛围之中。项目同时注重对休闲活动空间的研究，建设富有吸引力的休闲活动、健身设施场地，为居民提供休闲及健身的理想场所。

景观植物：乔木层——大叶黄杨、石楠、垂柳、紫荆、大叶女贞、银杏、碧桃、蜡梅、广玉兰、五角枫、西府海棠、桂花、紫叶李、朴树等

灌木层——毛杜鹃、迎春花、红叶石楠、小叶黄杨、红花檵木、紫叶小檗、海桐等

地被层——沿阶草等

项目紧邻新区核心景观中轴线，位居未来核心商务区，南望郑西高铁，正所谓"出则会晤世界，入则悠享宁谧"。"塞纳春天"设计灵感来源于法国凡尔赛宫。凡尔赛宫是法国国王路易十四到路易十六的王宫，最初是路易十三修建的用于狩猎的行宫，路易十四当政时开始建宫。当时的路易十四决定将王室宫廷迁出是想远离因反抗王室而不断暴动的市民所造成的混乱喧闹的巴黎城，经考察权衡决定以路易十三在凡尔赛的狩猎行宫为基础建造新宫殿。"塞纳春天"是我们想营造的一座远离现代都市喧闹和混乱的一个花园式宫殿。

平面图

建筑元素：❶ 景观亭（材料：烧面黄锈石花岗岩）

植物配置：大叶女贞 + 桂花 - 小叶黄杨 + 金叶女贞 + 红叶石楠

**植物名称：大叶女贞**

枝叶茂密，株形整齐，是园林中常用的绿化树种，可孤植、丛植于庭院和广场。也可修剪整齐后作绿篱使用。

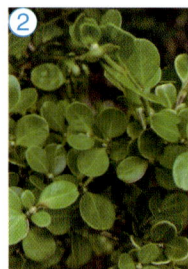

**植物名称：小叶黄杨**

黄杨科常绿灌木或小乔木，生长缓慢，树姿优美，叶对生，革质，椭圆或倒卵形，表面亮绿，背面黄绿。花黄绿色，簇生叶腋或枝端，花期 4 ～ 5 月，尤适修剪造型。

**植物名称：红叶石楠**

常绿小乔木，红叶石楠春季时新长出来的嫩叶红艳，到夏季时转为绿色，因其具有耐修剪的特性，通常被做成各种造型运用到园林绿化中，如法式景观风格里很多对称式植物和模纹花坛。金叶女贞、红叶石楠和红花檵木等耐修剪的灌木植物是营造规整式景观的良好材料。

**植物名称：金叶女贞**

叶色金黄，具有较高的绿化和观赏价值。常与红花檵木配植做成不同颜色的色带，常用于园林绿化和道路绿化中。做成螺旋造型的金叶女贞显得整齐、干净。

**植物名称：桂花**

常绿小乔木，又可分为金桂、银桂、月桂、丹桂等品种。桂花是极佳的庭院绿化树种和行道树种，秋季桂花开放，花香浓郁。

**植物名称：垂柳**

枝条下垂，常植于水边，营造特别的滨水景观效果。杨柳依依，颇具意味，清风徐来，柳枝摇曳，倒影水中，诗情画意。

**建筑元素：❶ 景观亭（材料：烧面黄锈石花岗岩）**

**植物配置：** 大叶女贞 + 垂柳 + 石楠 + 银杏 + 碧桃 - 小叶黄杨 + 红叶石楠 + 大叶黄杨

**点评：** 楼宇前的疏导小广场是典型的规整式法式园林景观，由近及远，排列整齐的大叶黄杨球分列园路两旁，树形整齐可爱，既美观亮丽，同时也兼具导向作用。园路两旁的小草坪上有红叶石楠和小叶黄杨修剪成的模纹花丛。植物景观围合的中心是一个法式景观亭，亭身是由厚烧面黄锈石花岗岩打造而成，成为了小广场的景观焦点。

**植物名称：石楠**

常绿乔木，树冠常为圆形，终年常绿，枝繁叶茂，叶片翠绿有光泽，初夏时节开白色小花，秋后红果满枝，色彩鲜艳，常被用作庭荫树或绿篱树种栽植在庭院中。

**植物名称：大叶黄杨**

温带及亚热带常绿灌木或小乔木，因为极耐修剪，常被用作绿篱或修剪成各种形状，较适合于规则式场景的植物造景。修剪成球状的大叶黄杨队列式栽植在景观广场上，让欧式景亭显得更加具有仪式感。

**植物名称：银杏**

树形优美，树干高大挺拔，叶形奇特美丽，叶色秋季变为金黄色，是优良的行道树和庭院树种。造型广场上的银杏树作为主景的点缀，让景观更加出色。

**植物名称：碧桃**

又名千叶桃花，落叶乔木，花大色艳，开花时美丽漂亮，通常和紫叶李，紫叶矮樱等一起使用。

植物配置：大叶女贞 + 蜡梅 + 紫荆 - 红叶石楠 + 大叶黄杨 + 小叶女贞 + 紫叶小檗 + 红花继木 - 草皮

① 植物名称：蜡梅
盛开于寒冬，花先于叶开放，花香馥郁，花色鹅黄，是冬季为数不多的观花植物。蜡梅不仅花朵秀丽，花香馥郁，更有斗寒傲霜的美好寓意和品格，是文人雅士偏爱的园林植物。可成片栽植于庭院中，赏其形，闻其味；也可作为主体建筑物的背景单独配植。

② 植物名称：红花檵木
常绿小乔木或灌木，花期长，枝繁叶茂且耐修剪，常用于园林色块、色带材料。与金叶假连翘等搭配栽植，观赏价值高。

③ 植物名称：紫荆
落叶小乔木或灌木，具有耐寒性，耐修剪能力较强，花先于叶开放，簇生于枝干上，花期一般在春季，花色鲜艳，盛花期时，有一种花团锦簇，枝叶扶疏的景象。紫荆可列植于操场等地，也可孤植于庭院中，更有家庭美满的寓意。

④ 植物名称：紫叶小檗
春开黄花，秋缀红果，叶、花、果均具观赏价值，耐修剪，适宜在园林中作花篱或修剪成球形对称配置，广泛运用在园林造景当中。

建筑元素：**1** 水钵（材料：打凿面黄锈石）

植物配置：朴树 + 大叶女贞 + 紫叶李 - 小叶女贞 + 海桐

点评：黄锈石打造的法式水景雕塑，以朴树、大叶女贞等高大乔木为背景，配以紫叶李丰富景观色调。水景是园林景观中比较生动的设计环节，水具灵气，能给居住在此的人带来福气和财气，而动态的水景不仅能观其形，更能听其落水声。

植物名称：朴树
落叶乔木，树冠宽广，孤植或列植均可。树形高大的朴树，造型优美，色彩美丽。

植物名称：紫叶李
落叶小乔木，花期3～4月，花叶同放，具有广泛的园林用途。孤植于门口、草坪能独立成景；点缀园林绿地，能丰富景观色彩；成片群植，构成风景林，景观效果颇佳。

模纹造型

草坪

观花色带

修剪色带

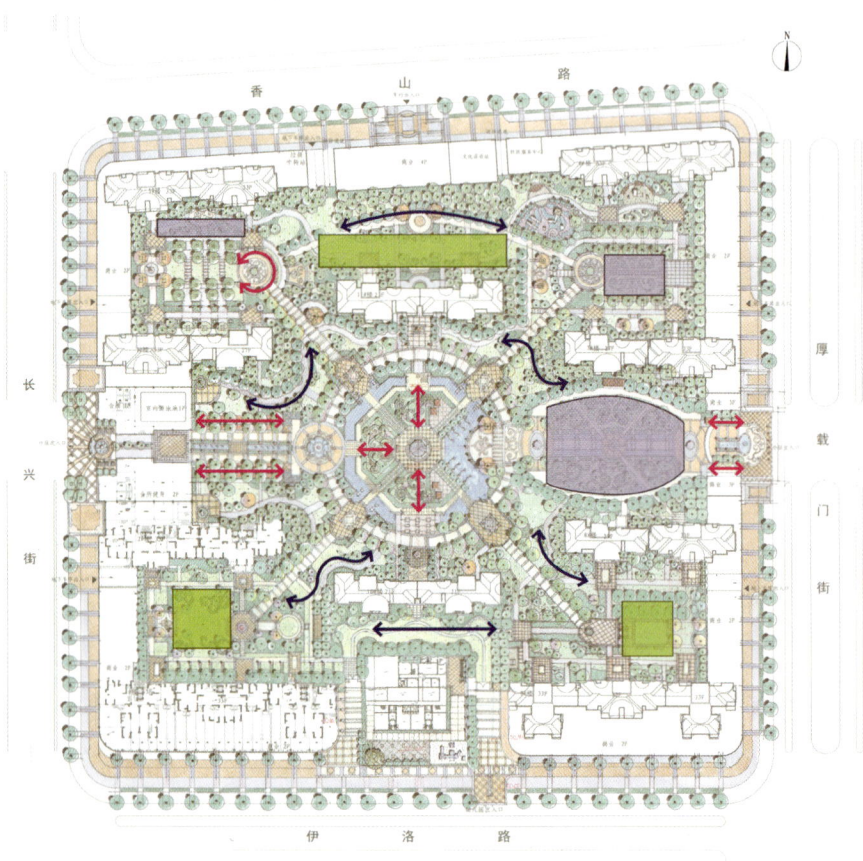

植物配置图1

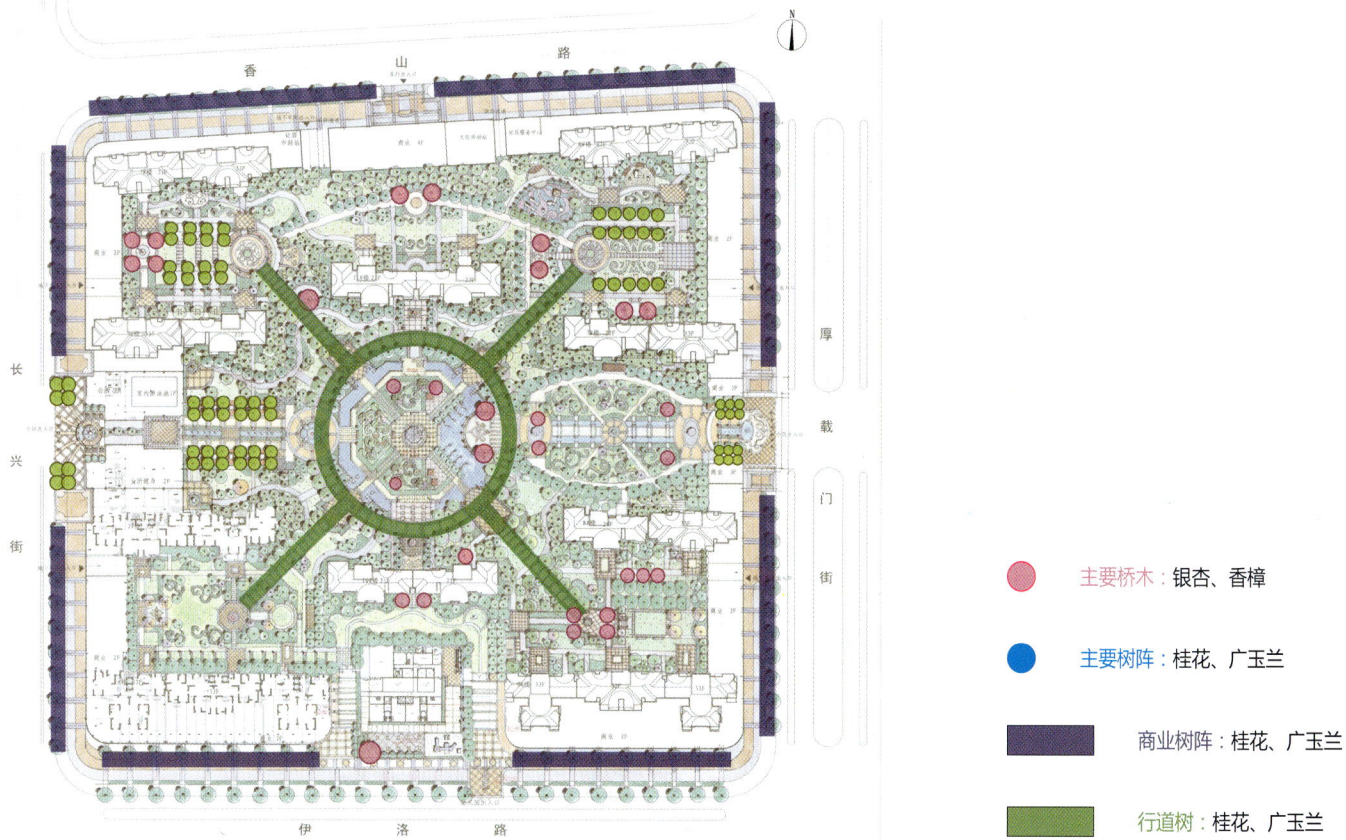

香 山 路

长 兴 街

厚 载 门 街

伊 洛 路

主要桥木：银杏、香樟

主要树阵：桂花、广玉兰

商业树阵：桂花、广玉兰

行道树：桂花、广玉兰

植物配置图 2

建筑元素：❶ 花廊架

植物配置：垂柳 - 石楠 + 紫荆 + 大叶黄杨球 - 毛杜鹃 + 迎春花 + 沿阶草

点评：杨柳依依，临水而立，初春时节，柳芽刚出，很有一番清新、淡雅的感觉。法式景观设计与中式景观有着很大的区别，前者强调规整式对称，以中轴线为界，突显体量多、体量大之美。本案的设计，是以法式景观为基础，局部设计参考中式景观设计原则，整个小区中太多规整对称的植物景观和雕塑景观不容易使人亲近，相反高低错落配植的大树、鲜花和草坪更能引起人们的共鸣，更容易使人产生一种置身其中的感觉。春来秋往，紫荆花盛开又凋落，馥郁的桂花香渐起又渐失，这也许就是岁月的美好。

植物名称：毛杜鹃
花多，可修剪成形，也可与其他植物配合种植形成模纹花坛，或单独成片种植。

植物名称：迎春花
花如其名，每当春季来临，迎春花即从寒冬中苏醒，花先于叶开放，花色金黄，垂枝柔软。迎春花花色秀丽，枝条柔软，适宜栽植于城市道路两旁，也可配植于湖边、溪畔、草坪和林缘等地。

植物名称：沿阶草
终年常绿，叶色淡绿，花直立挺拔，花色淡紫，是良好的观叶植物。可栽植于灌木丛下或林下。

植物配置：大叶女贞＋五角枫＋西府海棠＋广玉兰＋桂花 - 海桐＋小叶黄杨＋红叶石楠

点评：扬起手臂，张开手掌，看见散漫的阳光透过大叶女贞的枝叶从指缝一丝丝映入眼帘，放下工作之中的各种压力，漫步于疏林小道中，也许是设计师希望给业主营造的慢生活氛围。高大的五角枫和大叶女贞、娇羞的西府海棠和广玉兰、低矮却亮绿的小叶黄杨和海桐，营造了一处赏花观叶的美景。

# 招商雍景湾

设计公司：深圳奥雅设计股份有限公司
项目地点：天津市
项目面积：24000 m²

## （1）建筑

建筑风格：赖特风格

建筑特点：强调保持建筑材料的原始风貌和本色，减少不必要的装饰，一方面可以减少投入开支，另一方面也突出了材料的原始美；突出建筑与周边环境的协调性和整体性的统一；加强建筑内的实际使用效率和功能性；增强建筑室内和室外的联系，较多地使用大面积的玻璃窗和玻璃门等。

## （2）景观

景观风格：赖特风格

景观特点：项目整体汲取赖特设计精神，设计采用原野自然肌理和温暖色调，坚持横向延伸和流动连续的空间布局，充分考虑了客户的视觉感受和不同空间的景观变化。此外，项目还最大限度地保留和利用了原有树木，创建了一个生态自然、艺术人文的河道景观，精致美观的细节与整体现代简洁的设计语言在项目中得到了很好的统一。

景观植物：乔木层——蒙古栎、国槐、元宝枫、山榆、栾树、云杉、白蜡、千头椿、紫叶李、金叶槐、山杏、鸡爪槭、圆柏、榆叶梅、碧桃等

灌木层——大叶黄杨、金叶女贞、小叶黄杨、红王子锦带、紫叶小檗、紫丁香、黄栌、连翘、金银木等

地被层——非洲凤仙、波斯菊、沙地柏、鼠尾草、紫叶小檗等

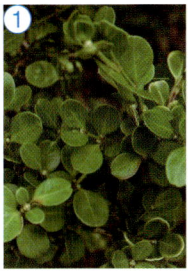

**植物名称：小叶黄杨**
黄杨科常绿灌木或小乔木，生长缓慢，树姿优美；叶对生，革质，椭圆或倒卵形，表面亮绿，背面黄绿；花黄绿色，簇生叶腋或枝端，花期 4 ~ 5 月，尤适修剪造型。

▲ **建筑元素：❶ 观景亭**

**植物配置：蒙古栎 + 鸡爪槭 + 山榆 + 云杉 - 大叶黄杨 + 小叶黄杨 - 非洲凤仙**

**点评：**亲和的水景，曲折的小径，轻盈的廊架，还有多样美观的植物，以及阳光下斑驳的光和影等精心设计整体营造出轻松愉悦的诗意空间。

**植物名称：山榆**
落叶乔木，冠大荫浓，适宜做庭荫树栽植于庭院内，也可栽植于道路两旁作为行道树。山榆的树姿优美，可制作成盆景。

**植物名称：云杉**
常绿乔木，树形端正，枝叶茂密，可孤植于庭院，独树成景，也可片植，多用在庄重肃穆的场合。叶上有明显粉白气孔线，远眺如白云缭绕，苍翠可爱。

**植物名称：大叶黄杨**
温带及亚热带常绿灌木或小乔木，因为极耐修剪，常被用作绿篱或修剪成各种形状，较适合于规则式场景的植物造景。

**植物名称：鸡爪槭**
又名鸡爪枫、青枫等，落叶小乔木，叶形优美，入秋变红，色彩鲜艳，是优良的观叶树种，观赏效果极佳，深受人们的喜爱。

该项目位于天津天钢柳林地区城市副中心，海河东岸，月牙河西岸，为天津海河规划的第七大节点，坐拥周边优越的景观地带。项目以"以人为本、生态自然"为设计原则，旨在打造一个现代自然、绿色生态、空间灵动、个性魅力的高端住宅区。

亲和的水景、曲折的小径、轻盈的廊架，还有多样美观的植物，以及阳光下斑驳的光和影等精心设计，整体营造出轻松愉悦的诗意空间。最终，落成于天津未来副中心之内的雍景湾将成为一个生态、自然、人文、艺术、温馨的理想居所。

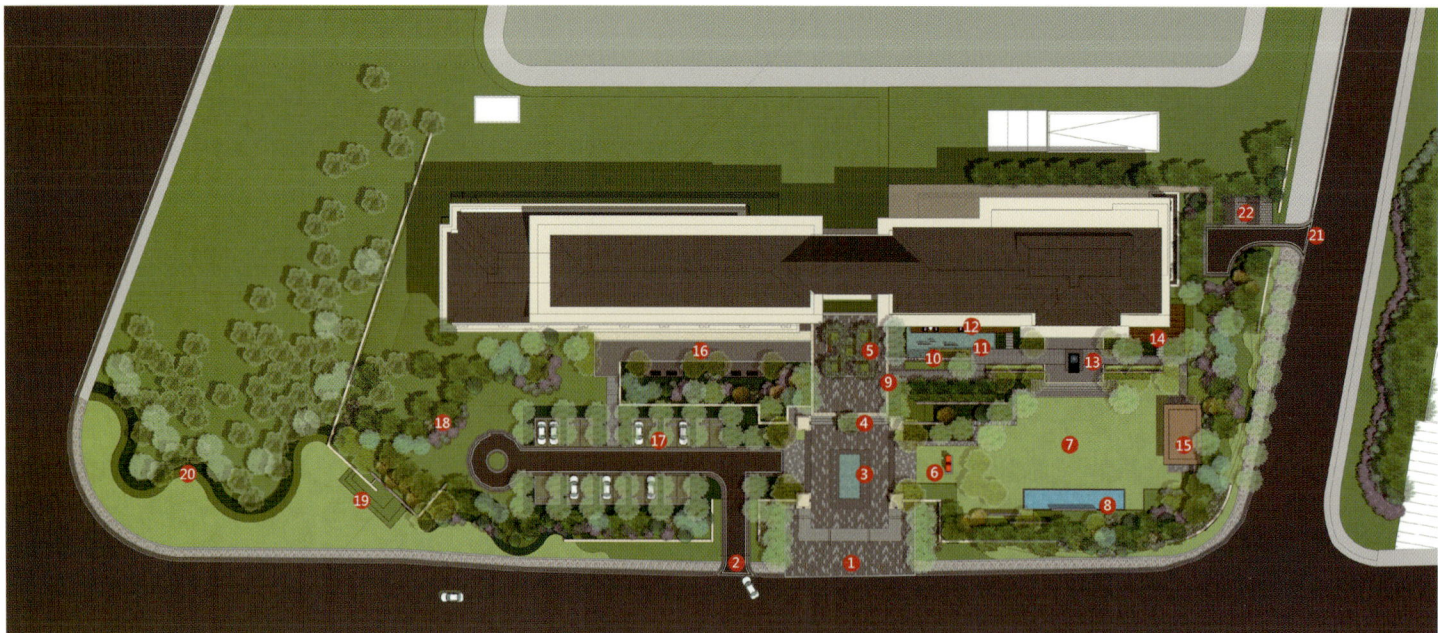

| | | |
|---|---|---|
| ❶ 样板区人行主入口 | ❿ 特色景墙 | ⓳ 城市 logo 标识 |
| ❷ 贵宾车行放口 | ⓫ 洽谈区水景 | ⓴ 城市 I 绿带 |
| ❸ 特色水景 | ⓬ 洽谈区休息平台 | ㉑ 员工后勤入口 |
| ❹ 中轴点景大树 | ⓭ 售楼处入口水景 | ㉒ 员工停车位 |
| ❺ 林下休闲空间 | ⓮ 活动平台 | |
| ❻ 特色雕塑 | ⓯ 景观廊架 | |
| ❼ 阳光大草坪 | ⓰ 商业街展示区 | |
| ❽ 对景叠水景墙组合 | ⓱ 贵宾停车位 | |
| ❾ 售楼处入口 | ⓲ 台地绿化 | |

平面图

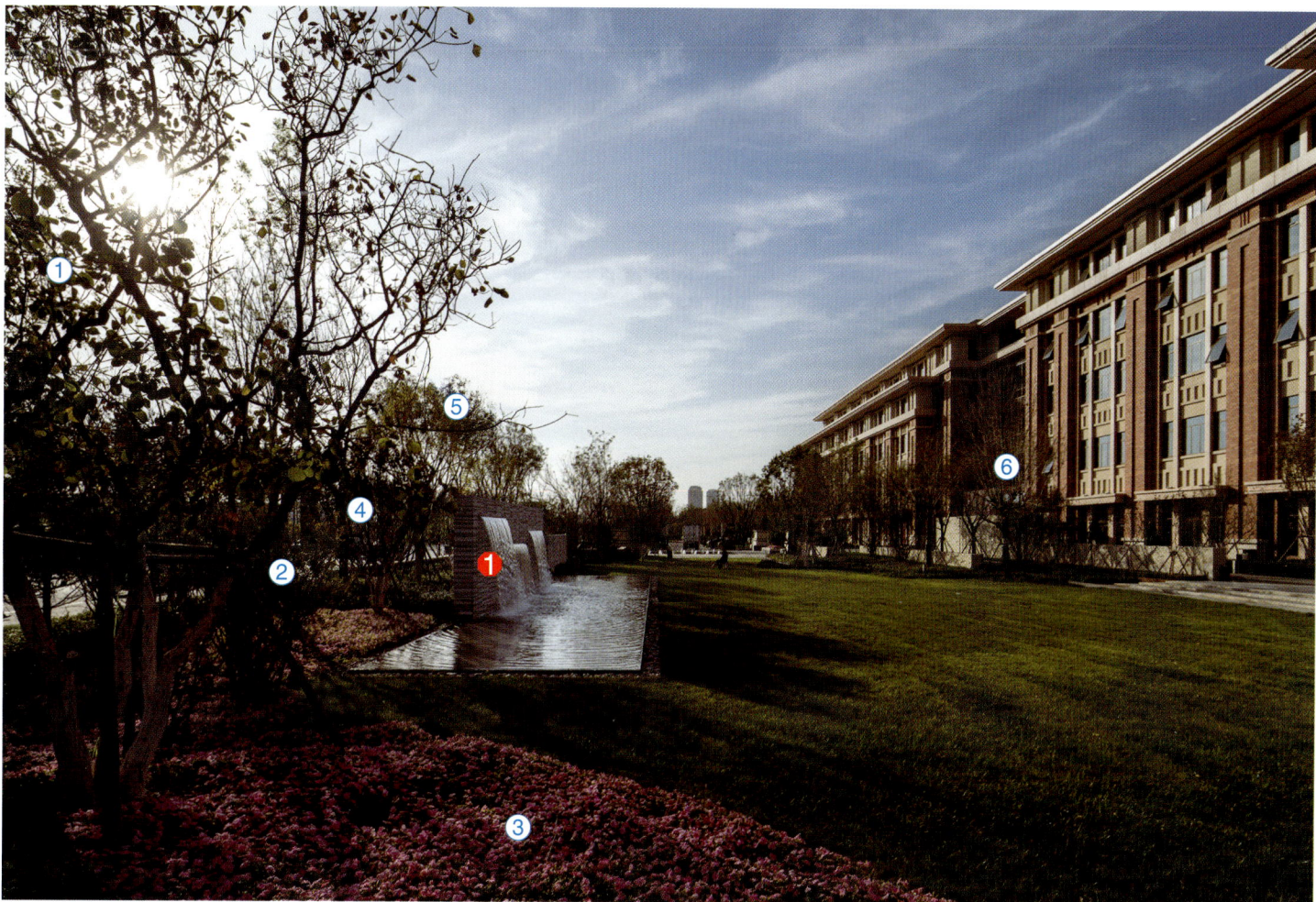

建筑元素：**1** 跌水景墙

植物配置：蒙古栎 + 紫丁香 + 金叶槐 + 紫叶李 + 榆叶梅 - 非洲凤仙

点评：项目的一大亮点是细致周到的绿化设计，浓密的绿化背景、开放的大草坪、层次丰富的种植搭配、视线对景处丛生乔木的选择，使设计充满了现代和生态自然的极佳效果。

**1** 植物名称：紫丁香
春季开花，花色紫色或蓝色，花大且芳香，是比较有名的庭院花灌木。株形丰满，枝叶茂密，适宜栽植于庭院一角或建筑物窗前。栽植在草坪上的紫丁香，没有了高大乔木作为背景，花期时更加显眼。

**2** 植物名称：榆叶梅
落叶灌木，因其叶似榆叶，花似梅花而得名，多用于草地或配植假山池畔，花多美观，是良好的观花植物。

**3** 植物名称：非洲凤仙
叶色翠绿，花朵娇嫩，花色玫红色，花期较长，几乎一年四季都可开花。可以用来装饰花坛、花境。非洲凤仙似刺绣一般，在草坪上慢慢蔓延开去，十分美丽。

**4** 植物名称：紫叶李
落叶小乔木，花期 3~4 月，花叶同放，具有广泛的园林用途。孤植草坪能独立成景；点缀园林绿地中，能丰富景观色彩；成片群植，构成风景林，景观效果颇佳。

**5** 植物名称：金叶槐
落叶乔木，国槐的一个新变种，奇数羽状复叶互生，叶片金黄色，远看似满树金花，十分美丽，具有很高的观赏价值。北自辽宁，南至广东、台湾，东自山东，西至甘肃、四川、云南，均可栽培国槐。

**6** 植物名称：蒙古栎
可栽植于庭院、公园等地作园景树或者列植于道路两侧作行道树。也可与其他常绿树种混交栽植成林。

▲ 建筑元素：❶ 文化石景墙

植物配置：国槐 + 金叶槐 + 云杉 - 小叶黄杨 - 非洲凤仙

点评：项目运用了现代时尚的造景手法，营造出了简洁大气的空间氛围，自然环境、人文环境和居住环境融洽地结合在了一起。

① 植物名称：国槐
落叶乔木，羽状复叶，栽植在景墙前的国槐枝叶繁茂，是很好的背景树种。

② 植物名称：碧桃
又名千叶桃花，落叶乔木，花大色艳，开花时美丽漂亮，通常和紫叶李，紫叶矮樱等一起使用。碧桃与山杏搭配栽植，春季来临时能够营造花海景观。

③ 植物名称：山杏
落叶灌木或小乔木，喜光，耐寒且耐干旱，经济价值较高，也可用于园林或绿化建设。

④ 植物名称：红王子锦带
初夏开花，花色艳丽，花枝繁密，花期较长，可栽植于庭院角落和湖畔溪边。也可在假山和坡地之间作点缀之用。

建筑元素：❸ 喷水景观

植物配置：山杏 + 紫叶李 - 小叶黄杨 + 红王子锦带 - 非洲凤仙

点评：灵动的水景，层次丰富的植物景观，规整有序的小径，恰似一幅风景画一样。以高大乔木作为背景，将喧嚣与尘土隔绝在外，采用姿态俏美、花色缤纷的花灌木（山杏、榆叶梅等）和观叶树种（紫叶李、鸡爪槭等）将整个空间装点得分外美丽。

建筑元素：❷ LOGO 景墙
植物配置：蒙古栎 + 金叶槐 + 碧桃 + 山杏 - 金叶女贞 - 非洲凤仙

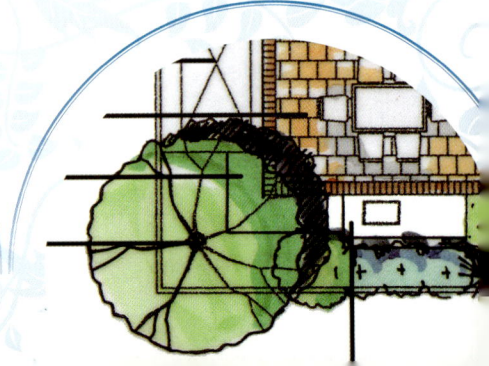

# 建筑植物配置——私家庭院

## 北方篇

# 龙湖滟澜山

设计公司：北京和平之礼景观设计事务所
项目地点：北京市
项目面积：250 m²

## （1）建筑

建筑风格：地中海风格

建筑特点：地中海建筑风格原指欧洲地中海北岸沿线的建筑的整体风格。地中海北岸地区的气候主要特征表现为夏季比较炎热且干燥，冬季气温温和而多雨。像一颗内嵌的蓝宝石一样的地中海被四周的大陆所围绕着，而这些大陆上的国家：西班牙、希腊、法国、摩洛哥和意大利等各有其地域特色。在这样的地域环境和人文环境的影响下，地中海沿岸的建筑风格逐渐形成，并集中体现出一种充满阳光、白色沙滩和习习暖风的浪漫、舒适的感觉。

地中海式建筑的风格主要特点集中在以下方面：

建筑立面的线条简单、圆润，建筑外观给人感觉很亲切、浪漫，没有很强的气势和威严感。

建筑色彩丰富和明朗，比较典型的建筑配色有白色、蓝色、紫色、金色和褐色等。这些色彩来源于当地的环境，由白色的沙滩、蓝色的海洋、金色的向日葵花海和紫色的薰衣草原野中产生灵感。色彩的绚丽和碰撞，更能突显出地中海建筑的风貌和特征。

建筑形式中延续欧洲古典建筑的精华，门廊、圆拱形构建以及镂空的装饰，是地中海建筑常用的表现形式。

## （2）景观

景观风格：地中海风格

景观特点：地中海式建筑特征明显，风格突出，与其对应的景观设计也一样熠熠生辉。其中植物景观设计就是突显地中海式居住环境的重要手段。地中海式住宅小区的景观设计主要具备以下特点：

室内室外的分界并不明显，住宅与自然的距离更加贴近，比较推崇舒适的庭院生活。

高大、浓郁的棕榈树，爬满藤架的葡萄藤，以及各种形式的花盆摆放等都是地中海庭院景观中较常见到的场景。

水景是地中海式景观中经常出现的，围绕水景设计的植物景观也是丰富多样。

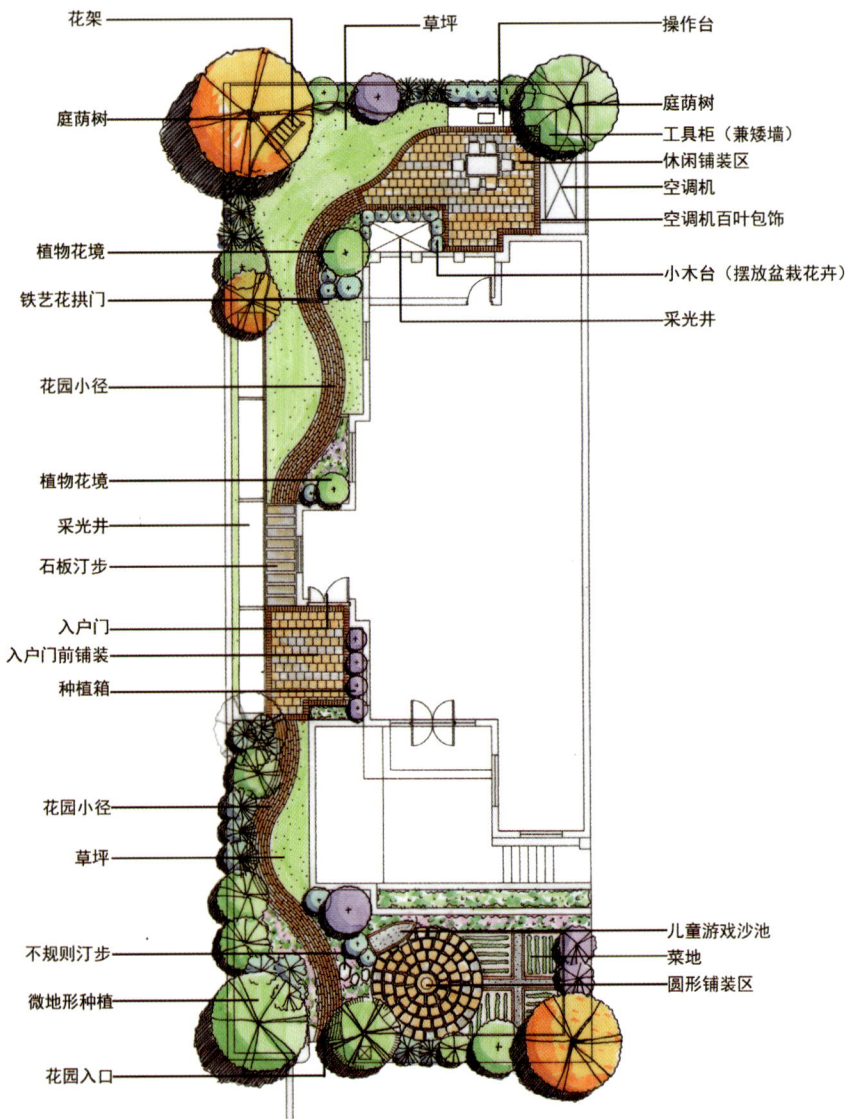

平面图

（图中标注：花架、草坪、操作台、庭荫树、庭荫树、工具柜（兼矮墙）、休闲铺装区、空调机、空调机百叶包饰、植物花境、铁艺花拱门、小木台（摆放盆栽花卉）、采光井、花园小径、植物花境、采光井、石板汀步、入户门、入户门前铺装、种植箱、花园小径、草坪、不规则汀步、儿童游戏沙池、菜地、圆形铺装区、微地形种植、花园入口）

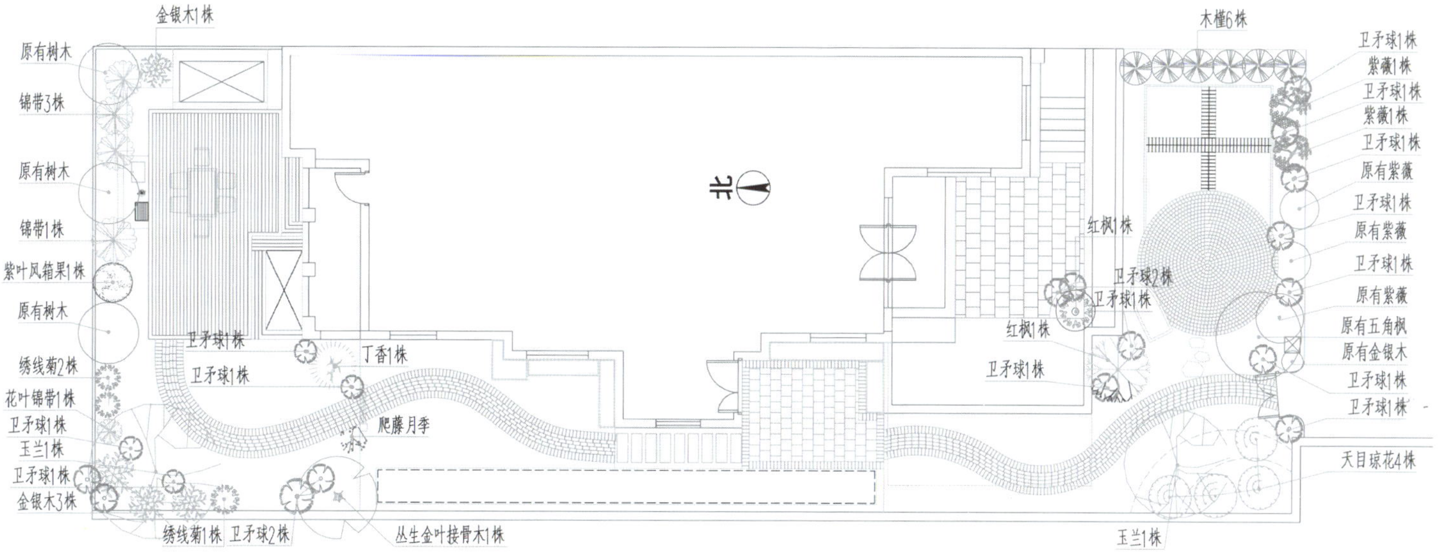

# 乔灌木布置平面图

左侧标注：
- 金银木1株
- 原有树木
- 锦带3株
- 原有树木
- 锦带1株
- 紫叶风箱果1株
- 原有树木
- 绣线菊2株
- 花叶锦带1株
- 卫矛球1株
- 玉兰1株
- 卫矛球1株
- 金银木3株

中下部：
- 卫矛球1株
- 卫矛球1株
- 丁香1株
- 爬藤月季
- 绣线菊1株　卫矛球2株
- 丛生金叶接骨木1株

右上及右侧标注：
- 木槿6株
- 卫矛球1株
- 紫薇1株
- 卫矛球1株
- 紫薇1株
- 卫矛球1株
- 原有紫薇
- 卫矛球1株
- 原有紫薇
- 卫矛球1株
- 原有五角枫
- 原有金银木
- 卫矛球1株
- 卫矛球1株
- 红枫1株
- 卫矛球2株
- 卫矛球1株
- 红枫1株
- 卫矛球1株
- 天目琼花4株
- 玉兰1株

**乔灌木布置平面图**

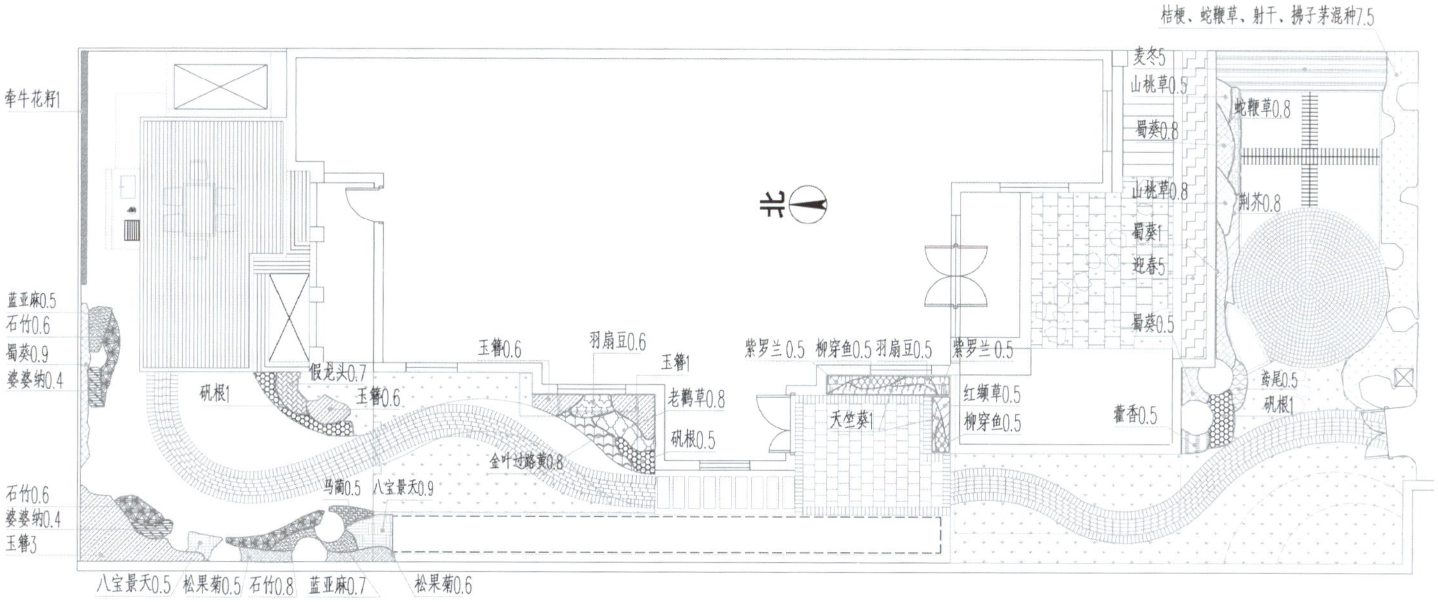

# 花草布置平面图

左侧标注：
- 牵牛花籽1
- 蓝亚麻0.5
- 石竹0.6
- 蜀葵0.9
- 婆婆纳0.4
- 石竹0.6
- 婆婆纳0.4
- 玉簪3
- 矾根1
- 假龙头0.7
- 玉簪0.6
- 玉簪0.6
- 马蔺0.5　八宝景天0.9
- 金叶过路黄0.8
- 矾根0.5
- 八宝景天0.5　松果菊0.5　石竹0.8　蓝亚麻0.7　松果菊0.6

中部标注：
- 玉簪0.6
- 羽扇豆0.6
- 玉簪0.6
- 老鹳草0.8
- 紫罗兰0.5　柳穿鱼0.5　羽扇豆0.5　紫罗兰0.5
- 天竺葵1
- 红缨草0.5
- 柳穿鱼0.5
- 藿香0.5

右侧标注：
- 桔梗、蛇鞭草、射干、拂子茅混种7.5
- 麦冬5
- 山桃草0.5
- 蜀葵0.8
- 山桃草0.8
- 蜀葵0.8
- 迎春5
- 蜀葵0.5
- 蛇鞭草0.8
- 荆芥0.8
- 鸢尾0.5
- 矾根1

**花草布置平面图**

景观植物：乔木层——紫叶李、五角枫、红枫、木槿等

灌木层——锦带、金叶接骨木、连翘、丁香、大叶黄杨等

地被层——黑心菊、鸢尾、紫叶风箱果、佛甲草、假龙头、绿萝、藿香等

① 植物名称：蛇鞭菊
多年生草本植物，花茎直立，花色淡紫色，靓丽清雅，是园林中打造美丽花坛、花境的良好材料。

② 植物名称：丁香
小乔木或灌木，花色洁白，花型偏小，花期为初夏时节，是北方较优良的庭院、道路绿化观花植物。

③ 植物名称：五角枫
落叶乔木，嫩叶红色，秋叶橙红，是良好的色叶树种，栽植在庭院中是良好的庭荫树。

④ 植物名称：大叶黄杨球
温带及亚热带常绿灌木或小乔木，修剪成球状的大叶黄杨，给人感觉圆润、小巧。

**⑤** 植物名称：藿香
多年生草本植物，具有芳香，是芳香植物，可以与其他芳香植物搭配栽植，营造多感官的景观。

**⑥** 植物名称：玉兰
落叶乔木，中国著名的花木。花期 3 月，先叶开放，花白如玉，花香似兰。玉兰是庭院绿化的良好材料。

**⑦** 植物名称：天目琼花
落叶灌木，树态清秀，复伞形花序，花开似雪，果赤如丹，叶形美丽，秋季变红。栽植在庭院中，等到花期来临，别有一番风味。

**⑧** 植物名称：鸢尾
鸢尾观赏价值较高，叶片剑形，形态美丽，花型大且美丽，较耐阴，可栽植于林下和墙角边，景观效果好。

**⑨** 植物名称：锦带
枝叶繁茂，花色鲜艳，且花量较多，因花开太盛，有时锦带枝条会下垂弯曲到地面。花期较长，是中国北方比较重要的春季观花灌木。可以栽植于庭院中点缀主景，也可以栽植于围墙或房前屋后作花篱使用。

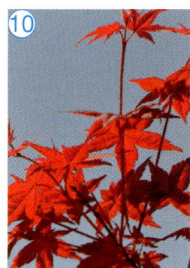

▲ 植物配置：丁香 + 五角枫 + 玉兰 + 红枫 - + 大叶黄杨球 + 藿香 + 天目琼花 + 锦带 - 蛇鞭菊 + 佛甲草 + 鸢尾 + 黑心菊

**⑩** 植物名称：红枫
其整体形态优美动人，枝叶层次分明飘逸，广泛用作观赏树种，庭院面积一般比较狭小，所以就更应该利用有限的空间营造出多变、难忘的景观。红枫色彩鲜艳、叶形独特，是庭院景观中较常使用的绿化材料。

**⑪** 植物名称：黑心菊
一二年生草本植物，花朵大且色彩艳丽，是装点园林，制作花坛、花境的良好材料。

① 植物名称：金叶接骨木
花小而密集，果实红艳，是优良的观叶观花观果植物。

② 植物名称：紫叶李
落叶小乔木，花期 3~4 月，花叶同放，具有广泛的园林用途。孤植于门口、草坪能独立成景；本案的庭院面积偏小，而且庭院面向小区园路。为了更好地保护业主的私人空间，设计师栽植了几株树形整齐的紫叶李充当了庭院的围墙。

③ 植物名称：紫叶风箱果
落叶灌木，叶紫红色，花白色，是观赏价值较高的花灌木，其叶、花和果实均具有一定的观赏价值，可以孤植或者丛植于林间、道路旁，与常绿植物搭配栽植，能够丰富景观色彩。

④ 植物名称：佛甲草
景天科，多年生草本植物，适应性极强，耐寒。长江以南四季常绿，翠绿晶莹，长江以北，春夏秋三季长势良好，花期在 4~5 月，是优良的地被植物，可用作屋顶绿化。

植物配置：紫叶李 + 木槿 - 金叶接骨木 + 紫叶风箱果 + 锦带 + 连翘 - 佛甲草 + 假龙头 + 绿萝

⑤ 植物名称：假龙头
多年生宿根草本，茎丛生而直立，穗状花序顶生，花色淡紫红，花期7月至9月。

⑥ 植物名称：连翘
早春开花，花先于叶开放，花色金黄，枝条下垂，是早春时节优良的观花植物。栽植在庭院角落的连翘，在春季花期来临时十分美艳惊人。

⑦ 植物名称：木槿
也叫无穷花，落叶灌木或小乔木，花形有单瓣、重瓣之分，花色有浅蓝紫色、粉红色或白色之别，花期6~9月，耐修剪，常用作绿篱。

⑧ 植物名称：绿萝
常用的园林、室内常绿藤本装饰植物，其缠绕性强，对环境的要求不高，绿萝叶片翠绿，叶形秀丽，四季常青，是极佳的观叶植物，适宜用于墙面绿化，也可栽植于林下、花钵中。

# 橘郡

设计公司：北京和平之礼景观设计事务所
项目地点：北京市
项目面积：170 m²

## （1）建筑

建筑风格：西班牙建筑风格

建筑特点：西班牙位于地中海地区，西班牙建筑其实也属于地中海式建筑，但因为其自身更具特色，所以也能单独形成一种风格。西班牙建筑因为受到宗教的影响，相比较于地中海式建筑更加沉稳、神秘和古朴一些。

西班牙建筑层次比较分明，由远至近，建筑呈从低至高分布和排列。高低错落的建筑显得更加有秩序和尺度感。相对于单一的建筑立面，西班牙式建筑更加具有韵味和层次。建筑色彩方面比较朴素，主体色调为浅色系。建筑立面的色彩活泼生动但是又不过分夸张和张扬，给人一种柔和、舒适的感觉。建筑元素方面主要体现在一些细节化的设计上，如各种铁艺、陶艺装饰品、手工抹灰墙面、大面积的文化石立面墙体、红色的坡屋顶等。典型的西班牙式建筑是有庭院空间的，庭院空间的分配和设计也颇具西班牙建筑特点。

## （2）景观

景观风格：英式乡村风格

景观特点：英式乡村庭院设计主要以自然式布局为特点，通过模仿大自然景观中的细节来展现野趣美、自然风光。英式庭院崇尚自然、向往自然，力图通过植物、水体、园路等多方面元素打造一个自家庭院内的小自然。其规划布局形式采用自然开放式的空间结构，植物栽植方面也采用自然式栽植，与法式的规则式布局有着明显的区别。

英式乡村庭院在铺装材料方面，主要选择天然石材、木材等，也会使用草坪作为铺装材料。平坦的草坪、树冠宽阔的孤景树、自然喷泉水景，以及自然式栽植的各色花卉，这些都是英式乡村庭院较常运用到的景观元素。

景观植物：乔木层——桧柏、玉兰、早园竹、四季海棠、圆柏等

灌木层——美人蕉、贴梗海棠、花石榴、紫叶小檗、大叶黄杨、女贞等

地被层——地被菊、千屈菜、天竺葵、月季、松果菊、黄菖蒲、芍药、八宝景天、银叶菊、萱草等

藤蔓植物——地锦、丝瓜、凌霄等

本案将花园定位英式乡村风格庭院。通道区域的材料仍使用现有的黄板岩铺砌，增加大块条石与雨花石作点缀，材料既统一又富有变化。将采光井的墙体缩小，在侧面与顶面使用钢化玻璃，增加地下房间的采光效果。

花池最上层的边沿采用古朴石槽的形式，兼具有烧烤功能的烧烤台。设备间的屋顶种植好种易活的佛甲草。台阶的左侧沿墙增加落差花池，种植爬藤的植物，提高绿化率，装饰墙体。楼梯底下悬空设计，可作为狗舍，或储物间。

下沉花园的木质地板重新打磨翻修，涂刷进口环保木蜡油作为保护。

照明在庭院的装饰布局中占有重要的地位，本庭院的灯光照明分为景观照明和基础照明，兼具实用性和装饰性。暖色低照度的柔和灯光让园主尽情享受花园生活的乐趣。

植物名称：银杏
树形优美，树干高大挺拔，叶形奇特美丽，叶色秋季变为金黄色，是优良的行道树和庭院树种。院子里的银杏树树形古朴，让人感觉舒服和干净。

pre植物配置：银杏 + 玉兰 + 圆柏 - 月季 + 猬实 + 美人蕉 - 千屈菜 + 马蔺

植物名称：千屈菜
多年生草本，植株直立优雅，花多繁茂，紫红色，最适合在浅水中丛植。偶尔栽植一小丛千屈菜在树下或者角落，会有意想不到的美感。

植物名称：猬实
叶片椭圆形，花小，花色淡红色。可栽植、列植于草坪边缘，也可孤植于山石旁、墙角处。

植物名称：马蔺
多年生草本植物，叶片基生，叶色翠绿，花为浅紫色，花色美丽，花形优雅。其生长力顽强，对环境的适应性强，管理较粗放，是园林绿化中既经济又美丽的良好材料。可栽植于道路两旁的花坛内或隔离带内。

植物名称：圆柏
常绿乔木，雌雄异株，幼龄树树冠整齐呈圆锥形，树形优美，大树干枝扭曲，姿态奇古，可以独树成景，是中国传统的园林树种。

▶ 点评：设计师在改造橘郡时保留了现有的栅栏和木门，推开院门映入眼帘的是竹、石、佛甲草。保证基本通行外尽量地增加了花园内的种植面积。适当点缀的景观石更加具有乡村气息。

◀ ···········

**植物配置：桧柏 - 美人蕉 + 女贞 + 月季 - 千屈菜 + 地锦 + 早熟禾草坪**

点评：蜿蜒流畅的曲线线条显得庭院小径格外悠扬有韵味。围墙边的桧柏，四季常青，郁郁葱葱的枝叶阻隔了园外的纷嚣。

①
**植物名称：月季**
又称"月月红"，自然花期为5～11月，开花连续不断，花色多深红、粉红、偶有白色。月季花被称为"花中皇后"，在园林绿化中，使用频繁，深受各地园林的喜爱。

②
**植物名称：桧柏**
常绿乔木，花黄色，适合做绿化树种。

③
**植物名称：地锦**
吸附类藤本植物，新叶时叶片嫩绿，秋季变为鲜红色，色彩夺目，可用来作为垂直绿化植物用来装饰墙面和棚架，也可作为地被植物运用。

④
**植物名称：美人蕉**
多年生直立草本，枝叶茂盛、花大色艳、花色多、花期长、适应力强，养护管理较为粗放，经济实用，常应用于道路分车道、花坛、水边以及厂区附近。

⑤
**植物名称：女贞**
枝叶茂密，株形整齐，是园林中常用的绿化树种，可孤植、丛植于庭院和广场。也可修剪整齐作绿篱使用。

⑥
**植物名称：早熟禾**
冷季型草坪草，喜光，耐践踏，耐修剪。在我国北方、中部城市和南方部分冷凉地区广泛运用于公园、学校、运动场等场所。

翻新木地板

竹池

落差花池

中转平台
屋顶种植

下沉台阶

洗手池

花境

圆形座椅

种植区

工具房

菜地

红砖铺地

空调包饰

紫荆

条石镶嵌

景石

竹池

北

建筑占地

洗手井

平面图

点评：调整菜园的格局，留有 600mm 宽的红砖铺地，"之"字形的道路错落有致，增加了花园的探索情趣。归类种植的蔬果使得花园更加整齐。

在现有的空调包饰前留有铺装，既作为沤肥区域，又为检修空调提供了方便。100mm×100mm 的红色仿古砖铺地彰显了英式花园的气息。

**植物名称：辣椒**
常见蔬菜之一。

**植物名称：西红柿**
常见蔬菜之一，营养价值高，果实红艳，栽植于庭院内也可以装点庭院景观。

**植物名称：丝瓜**
常见蔬菜之一。

**植物名称：凌霄**
花漏斗状的花形美丽，花色鲜艳，是园林绿化中的重要材料之一。可栽植于墙头、廊架等地，也可经过轻微修剪做成悬垂的盆景放于室内。

**植物名称：玉兰**
落叶乔木，中国著名的花木。花期 3 月，先叶开放，花白如玉，花香似兰。庭院面积不算太大，玉兰这种树形优美，花色洁白的乔木植物比较适合栽植于庭院中。

植物名称：八宝景天
多年生肉质草本植物，株高 30 ~ 50cm，植株整齐，生长健壮，管理粗放。花开时好似一片粉烟，群体效果极佳，常用来布置花坛。摆放在角落的八宝景天等到花期来临时也是迷人的小公主。

植物名称：观赏石榴
枝繁叶茂，花期长，花大色艳，果实亮丽、繁多，挂果时间长，具有较高的观赏价值。

植物名称：大叶黄杨球
大叶黄杨是一种温带及亚热带常绿灌木或小乔木，因为极耐修剪，常被用作绿篱或修剪成各种形状，较适合于规则式场景的植物造景。

植物名称：紫叶小檗
春开黄花，秋缀红果，叶、花、果均具观赏效果，耐修剪，适宜在园林中作花篱或修剪成球形对称配置，广泛运用在园林造景当中。

**植物名称：贴梗海棠**
落叶小乔木或灌木，早春时节，贴梗海棠先开花后长叶，繁花盛开时，十分美丽。可栽植于公园、庭院、广场等地，用来点缀园林小品和绿地。

**植物名称：松果菊**
花大色艳，花多颜色丰富，松果菊是切花材料的好选择，在园林应用中也较广泛，可栽植于花坛、花境中。

**植物名称：萱草**
多年生宿根草本花卉，有忘忧草之称。萱草花朵颜色鲜艳，可栽植于花境、花带中作点缀之用，也可栽植于疏林下作地被植物。

**植物名称：黄菖蒲**
多年生草本，花期5月，花色黄艳，花姿秀美，花、叶均具有很高的观赏价值，深受人们的喜爱。庭院的主人是爱花之人，自己栽植了许多花卉植物。让庭院空间显得热闹、充满生机。

**植物名称：芍药**
称为花相，花形、花色俊美，是庭院绿化的优良品种。

▲ 植物配置：大叶黄杨 + 石榴 + 贴梗海棠 - 月季 + 女贞 + 紫叶小檗 + 西红柿 + 黄菖蒲 - 松果菊 + 山桃草 + 萱草 + 天竺葵 + 八宝景天 + 芍药 + 银叶菊

点评：高低错落的灌木植物，观叶植物和观花植物搭配栽植，保证了这一处休憩空间常年有景可赏。颇具年代感的石块铺装，让人不经意间，有种置身古镇的错觉。

原来的休闲区域与甬道的材料和铺装形式一致，所以主次不够分明。现将主休闲区规划成两个圆形交叠的形式，圆形在视觉上有扩张的效果，非常适合这个狭小的空间。地面铺装材料使用不规则的黄板岩，红色仿古砖镶边。

**植物名称：银叶菊**
多年生草本植物，叶片的正面和反面均被白色短小绒毛，从远处看去，像凝结的霜，也像一片片白云。因其银白色叶片和淡黄色小花，不管是与其他色彩斑斓的花卉植物搭配栽植，还是单独成片种植，都是极佳的景色。

**植物名称：天竺葵**
花色繁多，西方常用于阳台装饰。

**① 植物名称：吊兰**

多年生常绿草本植物，花茎从叶片中抽出，花枝下垂，枝条优美。吊兰形态优美，花色洁白，可栽植于景观盆放于室内净化空气，也可栽植于庭院中，丰富景观。

**② 植物名称：四季海棠**

肉质草本植物，花色娇艳，植株低矮，叶色光亮，花朵较小但是紧凑，是庭院装饰和园林绿化中较常使用的装饰花卉材料。可以用来布置花坛、花钵。搭配其他观花观叶植物，营造花团锦簇的效果。

**③ 植物名称：地被菊**

菊花新品种，株形低矮、紧凑，花朵繁多且色彩丰富，是覆盖地表、美化园林环境的好材料。

**④ 植物名称：早园竹**

别名雷竹，禾本科刚竹属下的一个种，是观形、观叶的禾本科植物，广泛分布于我国华北、华中及华南各地，北京地区常见栽培，生长良好。

**植物配置**：玉兰 + 早园竹 - 美人蕉 - 吊兰 + 四季海棠 + 地被菊 + 天竺葵

**点评**：本着三季有花四季有景的原则，在种植上以黄杨球、早园竹、云杉等常绿植物为背景，其他多采用本地观花观叶的灌木和宿根花草植物。叶、花、果各异的形状及丰富的色彩能够使花园更加热闹和充满生机。

点评：改变楼梯的形式，右侧的花池改造为落差式，每层花池种植的植物不同，最上层的花池种植常绿植物，作为与对面邻居的私密遮挡。花池最上层的边沿增加洗手功能。

# 纳帕溪谷

设计公司：北京和平之礼景观设计事务所
项目地点：北京市
项目面积：215 m²

## （1）建筑

建筑风格：美式风格

建筑特点：建筑体量较大，有较多木结构，没有过多的装饰，外立面设计比较简洁。

## （2）景观

景观风格：美式风格

景观特点：美式风格的庭院景观主要以温馨、自然为特点。古朴的外墙红砖、摇起来咯吱作响的碎花坐垫藤椅、修剪整齐的草坪以及庭院里随处可见的园艺装饰物，这些都是美式乡村庭院的代表元素。

景观植物：乔木层——早园竹、玉兰、柿树、银杏、五角枫、
红枫、蜡梅等

灌木层——紫薇、大叶黄杨、锦带、连翘、假龙头、
粗榧、金银花、八仙花、绣线菊、牡丹等

地被层——鸢尾、千屈菜、紫叶酢浆草、八宝景天、
美女樱、天竺葵、矮牵牛、玉簪、银叶菊、
高山杜鹃等

藤蔓植物——藤本月季、紫藤、常春藤等

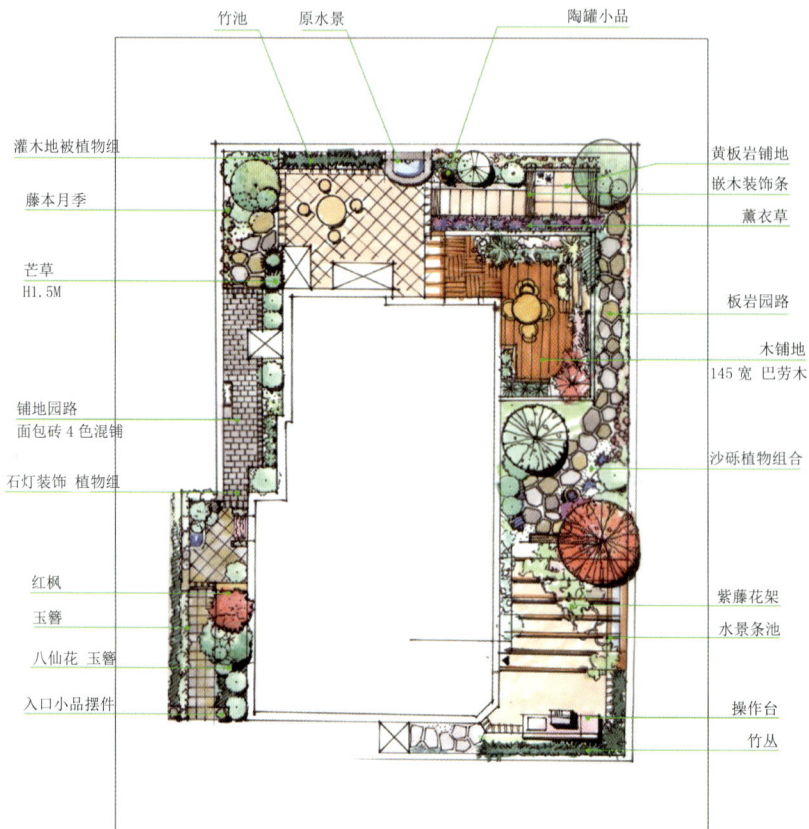

平面图

竹池　原水景　陶罐小品
灌木地被植物组
藤本月季
芒草 H1.5M
铺地园路 面包砖 4 色混铺
石灯装饰 植物组
红枫
玉簪
八仙花 玉簪
入口小品摆件

黄板岩铺地
嵌木装饰条
薰衣草
板岩园路
木铺地 145 宽 巴劳木
沙砾植物组合
紫藤花架
水景条池
操作台
竹丛

**地被植物布置平面图**

- 百合花 6株
- 德国鸢尾 10株
- 大花萱草 20株 原有移此
- 假龙头 20株
- 荚果蕨 5株
- 落新妇 5株
- 金边玉簪 20株
- 松塔景天 1.5m²
- 松果菊 5株
- 八宝景天 6株
- 佛甲草 间植
- 北
- 1000 2000
- 百合花 14株
- 佛甲草
- 福禄考10株
- 桔梗 10株

**灌木植物布置平面图**

- 金叶风箱果
- 原生 连翘
- 蜡梅
- 丛生紫薇x3
- 藤本月季 安吉拉
- 加置 竹栅格2片
- 原生 金叶锦带x2
- 原生 黄杨球
- 长春藤(京八号)
- 加置 竹栅格2片
- 黄杨球
- 原生 黄杨球
- 原生 蔷薇
- 原生 海棠
- 加置 竹栅格2片
- 藤本月季
- 充沙宝石
- 原生 锦带
- 原生 连翘
- 棣棠x3
- 中国地锦x2
- 粗榧X2
- 铁线莲x2
- 铁线莲x2
- 箬竹x2
- 粗榧
- 紫薇 柱旁移此
- 高山杜鹃x5
- 原生+移此
- 丁香柱旁移此
- 石盆睡莲x1
- 八仙花(绵延夏日)
- 原生月季
- 原生金银花
- 原生红刺玫
- 绣线菊x2
- 金叶风箱果
- 原生 牡丹
- 藤本月季
- 移此 牡丹
- 充沙宝石
- 八仙花(甲方自种)
- 北
- 1000 2000
- 花菖蒲x2
- 无花果

建筑元素：**❶ 房屋侧面**

植物配置：早园竹 + 银杏 - 锦带 + 大叶黄杨球 - 紫叶酢浆草 + 八宝景天 + 美女樱 + 矮牵牛 + 玉簪 - 常春藤

**①** 植物名称：紫叶酢浆草

多年生宿根草本植物，其叶有三片，叶色紫红，小花淡粉红色，是观叶观花的地被植物。紫叶酢浆草可以成片栽植于草坪边缘或树池下，美化效果极佳。

**②** 植物名称：八宝景天

多年生肉质草本植物，植株整齐，生长健壮，管理粗放。栽植于庭院一角，虽然不太起眼，但是与其他花卉植物一起搭配也颇具特点。

**③** 植物名称：美女樱

多年生草本植物，花色丰富，性强健，可作盆花或布置于花坛。

**④** 植物名称：银杏

树形优美，树干高大挺拔，叶形奇特美丽，叶色秋季变为金黄色，庭院内的银杏树为小庭院增加了更多的看点。

**⑤** 植物名称：矮牵牛

花色丰富，有白色、红色、紫色、黄色等，庭院设计中较常使用的装饰花卉。

**⑥** 植物名称：锦带

枝叶繁茂，花色鲜艳，且花量较多，因花开太盛，有时锦带枝条会下垂弯曲到地面。花期较长，是中国北方比较重要的春季观花灌木。可以栽植于庭院中点缀主景，也可以栽植于围墙或房前屋后作花篱使用。

**⑦** 植物名称：玉簪

阴性植物，耐阴，喜阴湿的环境，适宜栽植于林下草地丰富植物群落层次。玉簪叶片秀丽，花色洁白，且具有芳香，花于夜晚开放，是优良的庭院地被植物。

**⑧** 植物名称：大叶黄杨球

温带及亚热带常绿灌木或小乔木，因为极耐修剪，常被用作绿篱或修剪成各种形状，较适合于规则式场景的植物造景。

**⑨ 植物名称：八仙花**
又被称为绣球花，在我国栽培历史悠久，明清时期在江南园林中较多使用。绣球花花形美丽，颜色亮丽，可成片栽植于公园、风景区，也可与假山搭配栽植，景观效果佳。

**⑩ 植物名称：藤蔓月季**
落叶灌木，枝条可塑性很强，呈藤状，花大色艳，色彩丰富，是庭院绿化和垂直绿化的良好材料。由于藤蔓月季可以攀缘花架、装饰墙体，在花期来临时，能大面积美化环境。

**⑪ 植物名称：玉兰**
落叶乔木，中国著名的花木。花期3月，先叶开放，10天左右花期，花白如玉，花香似兰。树型魁伟，树冠卵形。

**⑫ 植物名称：紫薇**
落叶小乔木或灌木，又称为痒痒树，树干光滑，用手抚摸树干，植株会有微微抖动，红花紫薇的花期是5~8月，花期较长，观赏价值高。

**⑬ 植物名称：假龙头**
多年生宿根草本，茎丛生而直立，穗状花序顶生，花色淡紫红，花期7~9月。

**⑭ 植物名称：天竺葵**
花色繁多，西方常用于阳台装饰。

**⑮ 植物名称：常春藤**
常绿攀缘藤本植物，耐阴性较强，常春藤叶片呈近似三角形，终年常绿，枝繁叶茂，是极佳的垂直绿化植物。适宜栽植于墙面、拱门、陡坡和假山等地。也可以栽植于悬挂花盆中，使枝叶下垂，营造空间中的立体绿化效果。

**⑯ 植物名称：早园竹**
别名雷竹，禾本科刚竹属下的一个种，是观形、观叶的禾本科植物，广泛分布于我国华北、华中及华南各地，北京地区常见栽培，生长良好。

**⑰ 植物名称：红枫**
其整体形态优美动人，枝叶层次分明飘逸，栽植于庭院中可以丰富庭院景观的色彩。

**⑱ 植物名称：银叶菊**
多年生草本植物，叶片的正面和反面均被白色短小绒毛，从远处看去，像凝结的霜，也像一片片白云。因其银白色叶片和淡黄色小花，不管是与其他色彩斑斓的花卉植物搭配栽植，还是单独成片种植，都是极佳的景色。

**植物配置：玉兰 + 早园竹 + 红枫 - 八仙花 + 大叶黄杨球 + 紫薇 + 假龙头 - 银叶菊 + 天竺葵 - 月季 + 常春藤**

**点评**：花园内原有的五角枫、玉兰和银杏等大乔木位置和植物形态较为优好，设计师在改造花园的时候，保留了这些元素，并同时选配了其他观赏性强的花灌木（月季、玫瑰、八仙花等）、地被花草（银叶菊、假龙头、美女樱等）丰富了植物空间层次。

① 植物名称：五角枫
落叶乔木，嫩叶红色，秋叶橙红，是良好的色叶树种，可作为庭荫树、行道树等。

② 植物名称：粗榧
常绿针叶小乔木或灌木，具有较高的观赏价值，可与其他常绿树种或色叶树种搭配栽植。也可修剪成各种造型，制成盆栽。

◀ ·············

建筑元素：❶ 旋转楼梯

植物配置：柿子树 + 早园竹 + 五角枫 + 玉兰 - 红枫 + 玫瑰 - 大叶黄杨球 + 假龙头 + 月季 + 粗榧 - 常春藤

点评：花园通过旋转楼梯将上下空间更加紧密地结合。下沉庭院部分设计师对木铺地板进行了翻修重换，对立面空间进行了适当的装饰，并通过植物配置和装饰小品渲染了环境氛围，充分利用此处私密安静的独特环境条件。

③ 植物名称：月季
又称"月月红"，自然花期为 5 ~ 11 月，开花连续不断，花色多深红、粉红，偶有白色。月季花被称为"花中皇后"，在园林绿化中，使用频繁，深受各地园林设计师的喜爱。

点评：园建铺地部分在保留原有铺装的基础上按需要进行扩建和改建，更换不合理的铺地形式和材料，使得休闲区域更为宽敞好用，道路更加通畅方便。

建筑元素：❶ 景观墙　❷ 紫藤花架

植物配置：丁香 + 早园竹 - 鸢尾 + 千屈菜 + 八仙花 - 紫藤

点评：花架下的休闲空间是花园主人最常使用的区域，紫藤爬满花架，等到春天到来时，仿佛置身花海之中。

植物品种依照花园和建筑整体风格选配，个别品种以北京地区适宜生长的类似形态植物代替，力图做到花园里每个季节都有花可赏亦有景可看，在植物材料选用方面，选择管理更加粗放，生长能力更加顽强的观赏花卉，达到减少植物维护成本和劳动量的目的。

① 植物名称：鸢尾
鸢尾观赏价值较高，叶片剑形，形态美丽，花型大且美丽，较耐阴，可栽植于林下和墙角边，景观效果好。

② 植物名称：千屈菜
多年生草本，植株直立优雅，花多繁茂，花色紫红色，最适合在浅水中丛植。

③ 植物名称：丁香
小乔木或灌木，花色洁白，花型偏小，花期为初夏时节，是北方较优良的庭院、道路绿化观花植物。

④ 植物名称：紫藤
紫藤花大，色彩艳丽，花色为紫色，盛花期时，满树紫藤花恰似紫色瀑布一般，是优良的垂直绿化和观赏植物，适宜栽植于公园棚架和花廊，景观效果极佳。

**图书在版编目（CIP）数据**

建筑植物配置. 北方篇 / 深圳市海阅通文化传播有
限公司主编. —— 北京 ：中国建筑工业出版社，2016.7
　ISBN 978-7-112-19557-2

　Ⅰ．①建… Ⅱ．①深… Ⅲ．①景观设计－研究－中国
Ⅳ．①TU986.2

　中国版本图书馆CIP数据核字(2016)第165839号


责任编辑：杜一鸣　焦　阳
责任校对：陈晶晶　张　颖
美术编辑：陈秋娣
采　　编：刘太春　刘　丹

**编委会成员：**

| | | | | | | |
|---|---|---|---|---|---|---|
| 刘鹏辉 | 施红慧 | 张雪姣 | 刘太春 | 陈秋娣 | 叶凤娇 | 王　硕 |
| 张　勇 | 李箫悦 | 龙萍萍 | 刘信玲 | 刘丹 | 王巧芬 | 陈蕊 |
| 刘雅慧 | 李　静 | 李粘 | 刘雅君 | 张智霞 | 刘哲 | 韩俊华 |
| 梁选银 | 梁　平 | 白志稳 | 刘　诚 | | | |

建筑植物配置　北方篇
深圳市海阅通文化传播有限公司　主编
＊
中国建筑工业出版社出版、发行（北京西郊百万庄）
各地新华书店、建筑书店经销
深圳市海阅通文化传播有限公司制版
北京缤索印刷有限公司印刷
＊
开本：880×1230毫米　1/16　印张：9　字数：300千字
2016年9月第一版　2016年9月第一次印刷
定价：78.00元
ISBN 978-7-112-19557-2
　　　　(29028)